生産性が爆上がり！

さる先生の「全部ギガでやろう！」

認定
一
晶

学陽書房

はじめに

はじめまして。京都府で小学校教員をしている坂本良晶と申します。ＳＮＳでもぼちぼち発信をしており、そこでは〝さる@小学校教師〟という名前で活動しています。

もともとは働き方をテーマとした発信をしていて、『さる先生の「全部やろうはバカやろう」』（学陽書房）という本が大きな反響を呼び、多くの方から「早く帰ることができるようになりました！」という声が届き、大変うれしく感じました。自分が取り組んでいたことを言語化し、本という形でパッケージングしてみなさんにお届けしたことで、日本の教育シーンにおける働き方を少しだけ変えることができたと感じています。

さて、今回は「ＩＣＴを活用した働き方×授業×学級経営」をテーマとした1冊をお届けすることになりました。

事実として、僕は毎日、ほぼ定時に出勤し、ほぼ定時に退勤しています。またＩＣＴを使わなかったときと比べ授業は楽しくなり、それに伴いクラスの雰囲気もとてもよくなったと感じます。そして何より、自分自身が楽しいです。子どもたちがＩＣＴを駆使しクリエイティブな活動でイキイキと学んでいる姿を見ると、幸せを感じます。

ＩＣＴを活用すると早く帰ることができるようになります。
ＩＣＴを活用すると授業がワクワクしたものになります。
ＩＣＴを活用すると学級の雰囲気がよくなります。
この３つは互いにシナジー（相乗効果）を巻き起こします。
そうすると、子どもも教師もハッピーになります。
これが、この本で僕が伝えたいメッセージです。

この具体は、再現性が高いものだと考えます。この１冊を通じて、みなさんの教室でも楽しい学びの場がクリエイトされるとともに、早く帰ることができるようになることを願っています。

坂本　良晶

生産性が爆上がり！
さる先生の「全部ギガでやろう！」

もくじ

2章 教師の仕事がこんなに変わる!

3章

教育用4大アプリを実装せよ
——Canva／Padlet／Kahoot!／Flip

4章 タブレット×クラウド時代の授業アイデア

5章 タブレット×クラウドで保護者もハッピーに

6章 授業を行事化していくプロジェクト学習

0章

無限の可能性という魔力を纏《まと》う板

全部やろうぜＧＩＧＡでやろう。本書はＩＣＴを核とし、授業や学級経営や働き方の全てをよくしていこうという、まあ何とも欲張りな本だ。

ＧＩＧＡ元年から丸2年、僕はＩＣＴというバットを強く握りしめてフルスイングをし続けてきた。案の定、はじめは空振り三振ばかりだった。自信を喪失することも多かった。

しかし、段々と目が慣れてきて、バットに当たるようになってきた。レフトスタンドへの授業デザイン、ライトスタンドへの学級経営、そしてバックスクリーンへの働き方。ボールは放物線を描いてスタンドへと吸いこまれることが増えていった。

物事には、慣れの期間が必要だ。はじめから何でもそつなく上手にこなす人なんてそうそういない。あなたが初めて乗りこんだガンダムで敵機を倒したアムロ・レイでもない限り。

絶対にしないでほしいことがある。それは、うまくいかない**デジタルどろんこ期**に嫌気がさして、タブレットを放り投げてチョークを握ろうとすることだ。

そんなあなたがいま、手にしているチョークは炭酸カルシウムの塊以上でもそれ以下でもない。一方、あなたが放り投げ足元に転がっているタブレットは、ただの鉄の板ではない。

無限の可能性という魔力を纏った板だ。

0章では、ICTをフル活用することによってどういった変革がもたらされるのか、教室や職員室での具体をご紹介していこうと思う。

ICTをフルスイングせよ

さて、ICTでフルスイングしボールがバットにしっかりとミートできるようになると、どうなるか。

授業がおもしろくなる。子どもの笑顔が増える。そして、教師も笑顔になっていく。こういった正のスパイラルが教室にうず巻いていく。そんな具体を目の当たりにしてきた。

紙と鉛筆だけのときにはなかなか活躍できなかった子どもたちも日本にたくさんいただろ

う。しかし、件《くだん》の魔力を纏ったタブレットという板を手にすることで、子どもたちはちょっとした魔法を使えるようになる。

たとえばCanvaというアプリを例に挙げよう。これを使えば、簡単にお洒落なスライドやポスターができる。いや、ちょっと誇張してんじゃない？ って勘繰る方がいらっしゃったら、試しにCanvaとやらを使って何か作ってみてほしい。プロのデザイナーの方が作ったテンプレに乗っかることで、あたかも自分にそういったセンスがあるんじゃないかという錯覚すら覚えさせてくれるぐらいによいものができる。

これが意味することとは、**クリエイティブな活動の平等化**だ。すなわち、字やら絵やらが得意な子の特権になりがちだったクリエイティブな表現活動は、どんな子どもでも平等にできるようになったのだ。

左の写真は子どもたちが、算数のがい数の学習で、チームで協力して、都道府県の特色をがい数新聞として表現する活動の様子だ。

後章で詳しく説明するが、教師目線で考えると、働き方の面でも絶大なメリットがある。これまで評価に多くの時間を要していたわけだがCanvaを活用することにより劇的に効率化が進んだ。「子どもも教師もハッピーを」が、具現化される世界線が、ここにある。

アプリ Canva が子どものアウトプットを変える！

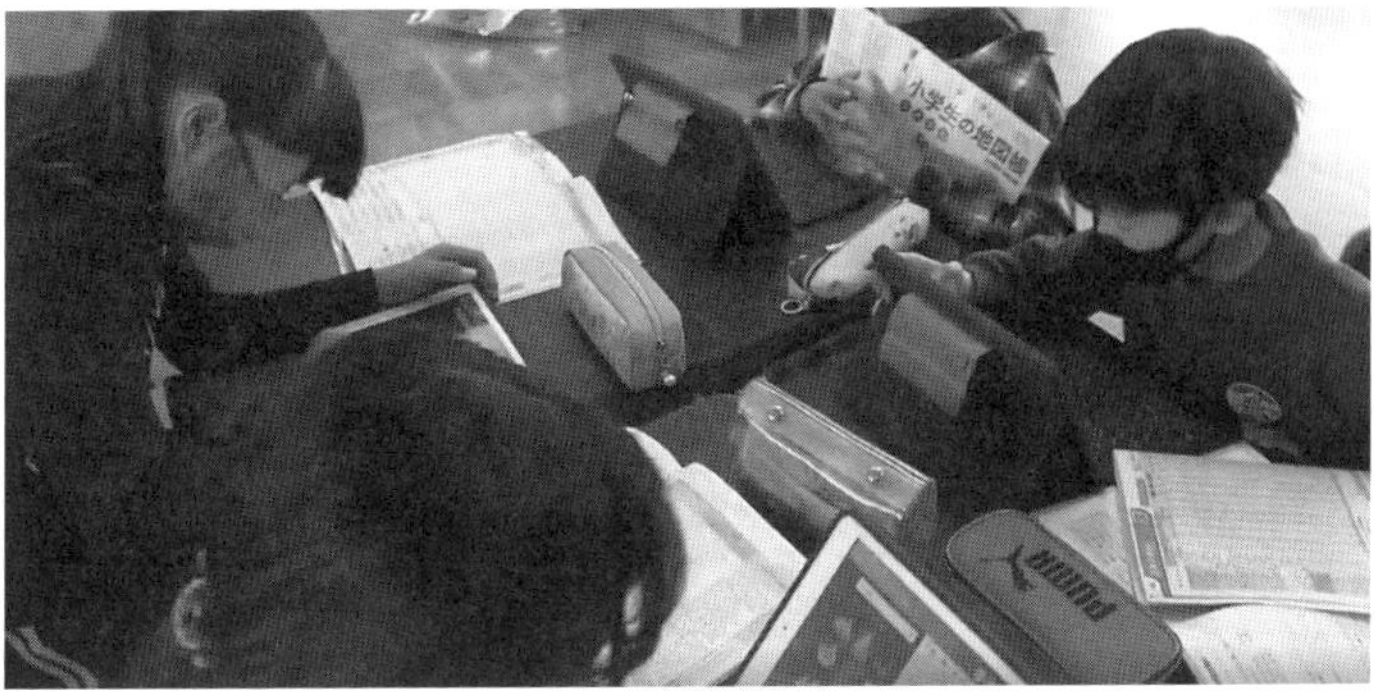

チームで情報を集め、話し合い、共同編集モードで新聞にまとめる

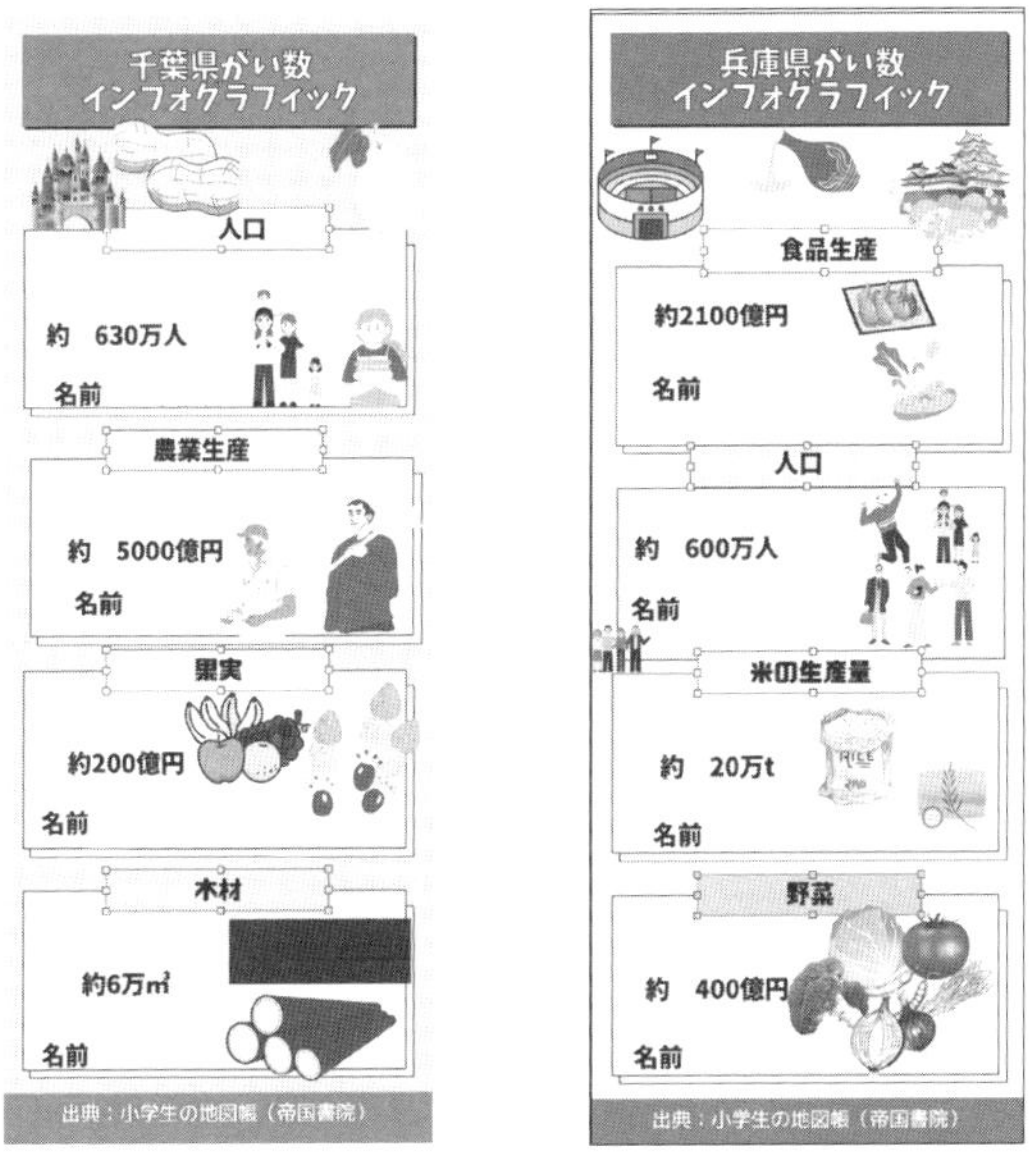

こんなふうにプロ並みの表現が可能に！

Kahoot!という教育用クイズアプリの話もしよう。こやつはまたとんでもなくおもしろい。本当におもしろい。これまた言い過ぎだろうと訝しまれそうだが、本当に熱狂的に子どもたちを巻きこむことができる。

子どもの学びのために計算し尽くされ、あざとさすら感じさせるこのKahoot!、これを使いこなせば、熟練した教師の素手の授業を凌駕できる可能性すらある。素手ではなかなか実現できなかった熱狂的な授業が、こういった飛び道具を装備することで実現できるようになる。Kahoot!はその見た目のおもちゃ感から「これは本質ではないオジサン」が登場しがちだが、**知識や技能を楽しく習得、言うなれば遊び感覚で学べるように緻密に設計されている。ICTは、授業のエンタメ化という新機軸をもたらしたのである。**

写真はKahoot!を算数の授業のスタートと同時に5分間やっている様子だ。子どもたちは計算問題に熱中し、全員でミッションをクリアできたときには拍手が起こる。

Kahoot!を使っての授業の様子は関西テレビの報道ランナーに取材いただき、お茶の間に流れた。実際に授業の様子がYoutubeにも上がっている(下のQRコード参照)。もしよかったらご覧いただきたい。一見するとお祭り的活用に見えるが、繰り返し同じ問題にチャレンジすることで知識や技能の定着が図れたり、チームで作問することで思考・判断・表現といっ

Kahoot! を使った
授業の様子→

た力を育てたりと、極めて実務的な学びの形ができつつあるのだ。遊んでるんだか、学んでいるんだか、そんな感じで子どもたちが学ぶことができれば最高だ。

アプリ Kahoot! で学びに熱狂！

おもしろくて楽しいので子どもたちは熱狂！

お次はFlipというアプリの話。このアプリは基本的にセルフィ、すなわち自撮りで動画を撮影し表現するものだ。

こいつはいくつかのイノベーションを学校現場にもたらした。

まず、これまで学校でのアウトプットは圧倒的に「書く」ことに傾倒していた。書くことで確実に子どものアウトプットを残すことができた。これは教師側からすれば都合がよかった。後から評価ができるからだ。

しかし、音声や映像は子どもたち自身で記録し残すことができなかった。そうなると後から評価ができない。これは教師側からすれば致命的な欠陥だった。

しかし、Flipを使えば自分のタイミングで子どもたちはアウトプットを記録することができるようになる。そうなると納得いくまで繰り返しチャレンジし表現することができるようになる。これまで書き以外のアウトプットは同期型で教師の目の前で話したり、歌ったり、踊ったりと、パフォーマンスして評価を得ることしかできなかった。しかし、自分のタイミング、すなわち非同期で**パフォーマンスをして一番よいデキのものを提出するということができるようになったわけだ。言わば、タイミングの民主化だ。**そしてこのFlipは素材や機能が非常に充実している。ミッキーマウスマーチをリコーダーで演奏した映像にミッキーとミニーを踊らせるようなこともできる。大丈夫、Flipは Microsoftのアプリで、もちろん著作権もクリアしているのでウォルト・ディズニーに怒られることもない。

アプリ Flip で簡単に動画記録

大人気のポケモンも使える！

自分の動画が恥ずかしい人は
サングラスをかけることも

声で表現するプレゼン、楽器で表現するリコーダー、身体で表現するなわとび、ありとあらゆる書き以外での表現ができるようになったわけだ。ＩＣＴは子どもの表現チャンネルの多様性という点においても大きなプラスをもたらした。書くことが苦手な子どもにとって優しくなかったこれまでの学校は大きな変革期を迎えている。

これは極々一部の具体だ。これだけでもこれまでの授業より楽しそうだということは伝わったと思う。やるかやらないかは教員の自由だ。しかし、多くの教員がそういった魅力的なツールを使い出したいま、使わずに教育界で戦い続けられる侍はそう多くないと思っている。

ＩＣＴをフル活用すれば学級経営がよくなる

ＩＣＴを活用することで、学級の雰囲気もよくなっていく。そう、強く断言する。

「好意の返報性」という言葉をご存知だろうか。これは「あなたのことをよく思っています」というメッセージを送られた人は、「わたしのことをよく思ってくれているあなたのことをわたしもよく思います」という、至ってシンプルな話だ。

たとえば、駅のプラットホームを歩いているお姉さんの持っているカバンがすてきだと感じたとする。声をかけて「お姉さん、そのバッグすてきですね」って声をかける人がもしいたら、挙手を願いたい。残念ながら、確実に変な人だと認定をされる。

この具体って、実は教室でも起こっていたのだ。

5年生の教室。図工で絵を描く授業だ。A太くん。そんなに普段話すことのないB子さんの描いた絵が上手だと感じたとする。でも、それをわざわざ伝えることはおそらくない。でも、もしそういった会話ができたら、二人の関係性はよくなったかもしれない。全然話さない関係から、ちょっとした雑談をできるという関係性へと。これまではそういった関係性アップのチャンスの取りこぼしを無数にしてきた。なぜならそんなことを伝える機会も必然性もなかったからだ。思春期の高学年ならなおさらだ。

ところがどっこい、ここでデジタルの力を借りると、この状況がガラッと変わるのだ。

Padletという教育用掲示板アプリがある。たとえばここに自分の書いた絵を全員が投稿し、お互いにコメントを書き合うという活動を10分取り入れてみよう。すると、さまざまなプラスのコメントが付くようになる。そう、みんなが一斉に「あなたの作品のことをよく思っています」と伝える場を設け、それを実際にみんながそうしだすことで、誰もが「あなたの作品のことをよく思っています」と伝えることができるのだ。以前からも付箋を使ったこういった取り組みがあるにはあった。でも、おそらくそれはスペシャルな場であり、日常的にやっているということはあまりなかったはず。なぜなら、手間がかかるからだ。しかし、デジタル上でなら、準備や書く手間も段違いに軽くなる。すると日常的にお互いにプラスのメッセージを投げかけ合うことができるようになる。

そうなると、クラス内における子どもたちの人間関係を醸成していくという学力以外の授業の大きなミッションを達成することができるようになってくる。

このように、ＩＣＴを良い感じで運用し、クラスの雰囲気を良い感じにしていくと、当然、学級経営も良い感じになっていくだろう。これまでのドラえもんやらちびまる子ちゃんやらの世界の教室のように、教師が教壇に立ち、子どもたちが席にチンと座って繰り広げられてきた授業では、子ども同士の繋がりを作っていくという点において、壮大な取りこぼしをしてきたわけだ。ＩＣＴのＣはCommunicationのＣなのだ。より良いコミュニケーションの機会を連続的にクラスで作り続け、温かい学級経営への大きなプラスをもたらしたい。

アプリ Padlet のコメント機能で交流も活発に！

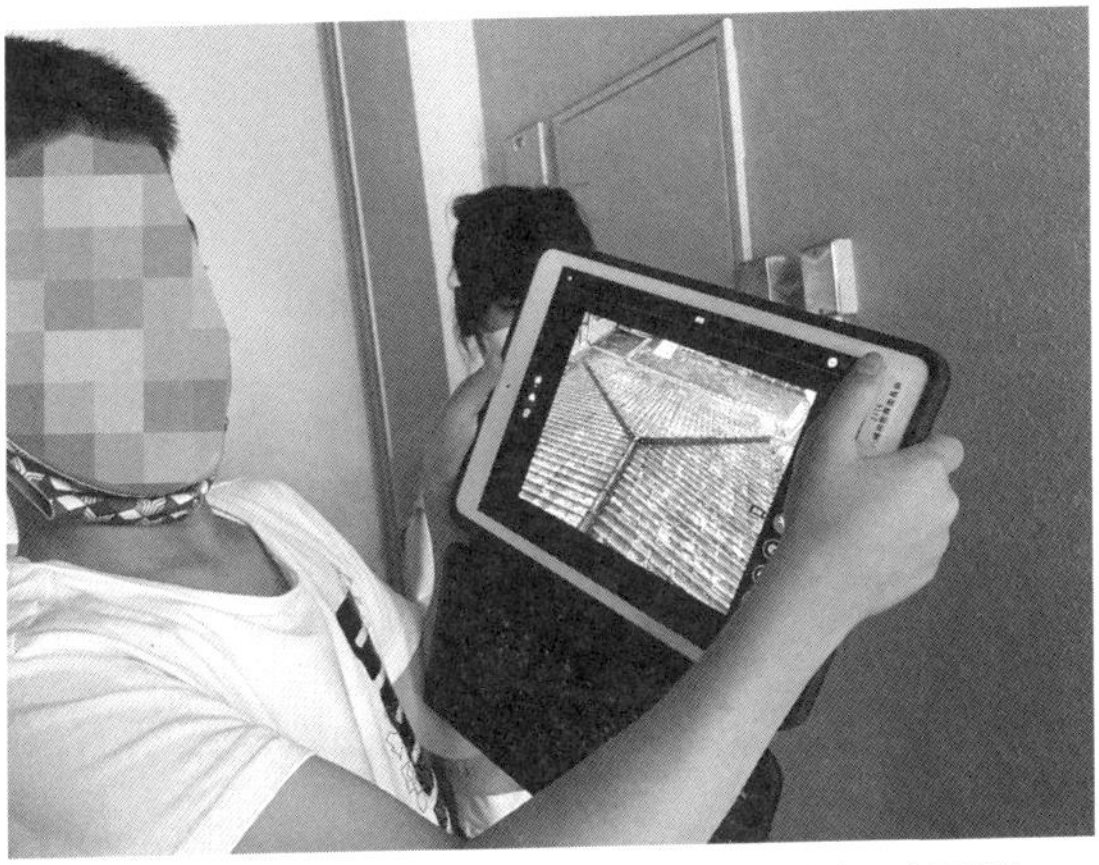

算数の授業で校内の垂直や平行を探す活動

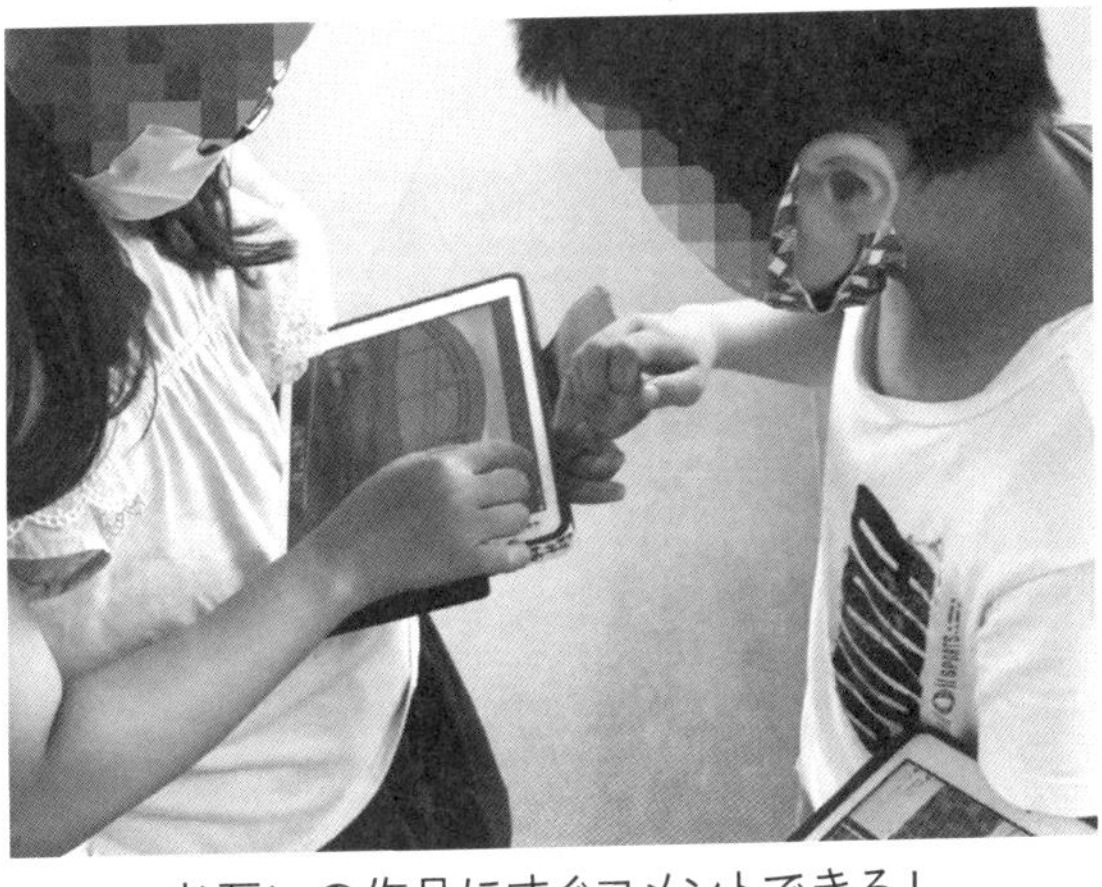

お互いの作品にすぐコメントできる！

また特別支援や不登校支援という視点においても、心強い味方になってくれる存在だと感じる。読みが苦手な子には音声を読み上げてくれるイマーシブリーダーがフォローしてくれる。マス目に字が入らないといった困り感を示しているような子どももタイピングなら絶対にはみ出さない。

スクラッチのようなプログラミング学習、Minecraftや桃鉄、子どもが学校に足を運びたくなるようなコンテンツが、遊びと学びとの境界線を溶かしながら、学校へとやってきている。これらは不登校の子どもにプラスにはたらくだろう。

ICTをフル活用し、5時に帰る

世界の先進国の中で、とりわけ生産性が低いと言われているのが我らの日本だ。その中でもさらに遅れていると言われるのが学校だ。そして誠に遺憾ながらこれは事実だ。

ほらほら、留守番電話が導入されたことが画期的な取り組みとして紹介されることがあったでしょう。ちょっと待て、おい、留守番電話。あんたいつこの世に生を受けたんだと首根っこを捕まえながらググってみたら、発明は1969年だった。この具体が示すことは、学校は本当に半世紀ぐらい遅れているということだ。われわれは先祖代々の風習を大切にするアマゾンの奥地に住む幻の原住民じゃない。テクノロジーの恩恵に与る資格がちゃんとあるはずなのだ。

でも、裏を返せば伸び代が非常に大きいと言える。長らく続いたカビの生えた慣例や、極度のデジタルアレルギーにより進まなかった学校のデジタル化。近年の日本全体のデジタルトランスフォーメーションという潮流、そしてGIGAスクール構想という大きな追い風を受け、**ついに生産性の空へ飛び立つ千載一遇のチャンスを得たわけだ。**

もしここで変われなかったら日本の学校は一生変われないと感じている。だから日々発信している。言い方は悪いが、このどさくさに紛れて一気にひっくり返してやるぐらいの気概で日本の教員がやっていけば、学校は必ず変わることができると信じている。

さて、では具体的にどんなことが変わってきたのか。

僕の現場では、朝の出欠連絡が電話からFormsに置き換わった。朝イチに無数に鳴り響く電話の対応という仕事が大幅に減っていった。

大規模校だと朝イチに回線がパンクするなんて話もよく聞く。ここはミスチルのチケット受付じゃない、学校だ。桜井さんの歌声を聞くためでなく、欠席を伝えるために時間を浪費するなんて保護者も教員も不幸せだ。もうこれはいますぐ全国全ての学校がFormsに切り替えるべき案件。大丈夫、心配しなくても民間で働くお母さんやお父さんはGoogle Formsなんて当たり前に使っている。**ごちゃごちゃ会議してる暇があれば、黙って導入すればいい。**

そうそう、会議は完全にペーパーレスだ。大量の紙をすってホチキスして帰れない帰れないって言っている学校は面白くないショートコントをやっているように僕の目には映る。自分たちの手の届く範囲の業務改善をせず不満を言っているのは滑稽だ。

そしてデジタル化からもう一歩進めるなら次はクラウド化だ。研究資料や指導案などはクラウド上でやりとりすることをスタートさせている。修正なども紙を介さずに処理できるシーンも増えてきた。その結果、とにかく紙を印刷するという作業が比較にならないレベルで減っていった。そろそろ夢に樹の精霊が出てきて感謝状を手渡されてもよい頃だ。

ここで大切なマインドセットは、導入初期にかかる作業コストを惜しまないこと。忙しいから新しい方法を勉強する暇もないという状況はよく耳にする。でも、それでは一生変われない。

これまでの昭和型の仕事を、ICTをフル活用した令和型の仕事へとアップデートしていくことが、我々現役プレイヤーに課された宿題だ。手の届く範囲でできることをやっていこう。

1章

働き方の思考を変える

全部ＧＩＧＡでやろうと書いたが、とはいえ、やらなくてもいいことにＧＩＧＡを使うなんてあまりにもったいない。あくまでも、子どもの学びの生産性を上げる目的のために必要なことだけを全部ＧＩＧＡでやろう、という意味だ。その大前提、マインドセットの土台があってはじめてＧＩＧＡが効いてくる。

このマインドセットについて、第１章ではまず押さえておきたい。

坂本龍馬思考
――チョークという刀を置くときが来た

〝時勢に応じて自分を変革しろ〟　坂本龍馬

ＧＩＧＡスクールが始まってすぐの今日の日本の教育シーンは、開国に揺れる幕末から明治維新の頃の日本そっくりだとよく感じる。

明治維新の原動力となった坂本龍馬。龍馬は幕府の命令で海岸警備の仕事に就いていた。そのとき、眼前に現れた巨大な黒船を見て、刀の無力さを悟り、それを置くことを決めた。

坂本龍馬は北辰一刀流の免許皆伝、要するに長い修行を経て剣の達人になったわけだ。それにも関わらず、未練なく刀を捨て、近代戦術を国全体で手にすることを訴え、アクションを起こした。大河ドラマ『龍馬伝』でのこの一連の龍馬の思考と行動の変容が僕の中で強烈に印象に残っている。

二項対立にすることはあまりよくはないかもしれないが、刀をチョーク、GIGAを近代兵器と置き換えて考えた場合、どう足掻いても後者の方が強いわけだ。

事実、僕は後者を選んだことによりたくさんの恩恵に与かることができていると強く感じる。

もし、坂本龍馬がいままで磨いてきた刀に未練を持ち続けていたら、明治維新というイベントが発生せず、日本の歴史は変わっていたかもしれない。**いま、日本中の教員は坂本龍馬と同じ立場にあると言っても過言ではない。**いまこそ、時勢に応じて自分を変革していくときだ。

ドラッカー思考

——元々しなくてよいことはするな

There is nothing so useless as doing efficiently that which should not be done at all.

〝元々しなくてもよいものを効率よく行うことほど無駄なことはない〟

これはビジネス界でもっとも偉大な功績を残した人物、ピーター・ドラッカーが数多く残した格言の一つだ。

この一文は今日の学校現場の根深い問題を如実に表わしていると感じる。

要するに、元々しなくてもよい仕事を両手いっぱいに抱えて毎日残業し疲弊し、結局よくよく考えたら成果が生まれていないといった状態はどこの現場にも大なり小なり起こっているはずだ。

学校では、量的に頑張ることが賛辞される。しかし、そのような風潮が今日の肥大化した業務を生み、それが妙な同調圧力と思考停止の惰性により継続されているのが現状だ。まず、そもそも、その仕事は本当に成果につながることかをジャッジすることが大切だ。思考停止で全部やろうとした結果、何も成果が生まれないといった経験を自分自身も多くしてきた。**時間は有限な希少資源。**確かな成果を生む確かな仕事へとその希少資源は投入していくべきだ。

エッセンシャル思考
——本質的な仕事をする、本質的に生きる

〝本当に重要なことだけをやると決めてから、仕事の質は目に見えて改善された。あらゆる方向に一ミリずつ進むのをやめて、これと決めた方向に全力疾走できるようになったからだ。〟 グレッグ・マキューン（『エッセンシャル思考』（かんき出版）

学校には、仕事が無数にある。しかし時間や教師の体力的、精神的エネルギーは有限だ。その全ての仕事にエネルギーを全力でぶつけていたら、遅かれ早かれ破綻する。そうなると、仕事の成果も目減りしていく。そうではなく、その有限な時間やエネルギーをぶつける対象となる仕事を**「より少なく、しかしよりよく」**という意識のもと、働くという思考にスイッチしていく必要があるのだ。

本質的な仕事かどうかを見極め、本質だけを「選ぶ」。そしてその精選から漏れた仕事は、それなりの及第点でよしとするか、可能であればスクラップする。

自分自身、校務分掌が一番キツかった時期（体育主任兼特活主任）にはこうした思考を持ち合わせておらず、膨大な提案文章づくりや行事の計画実施を必死で全てよりよいものにしていこうと毎日遅くまで残業してやっていた。当然、自分自身が疲弊していく一方で成果は上がらない。そして「こんなに残業して頑張っているのだから…」と、その本質の対岸である量的な頑張りを免罪符にし、成果が出ないことに言い訳をしていたといまになると感じる。

本質的な仕事かどうかを見極め
本質だけを『選ぶ』ことを選ぶ

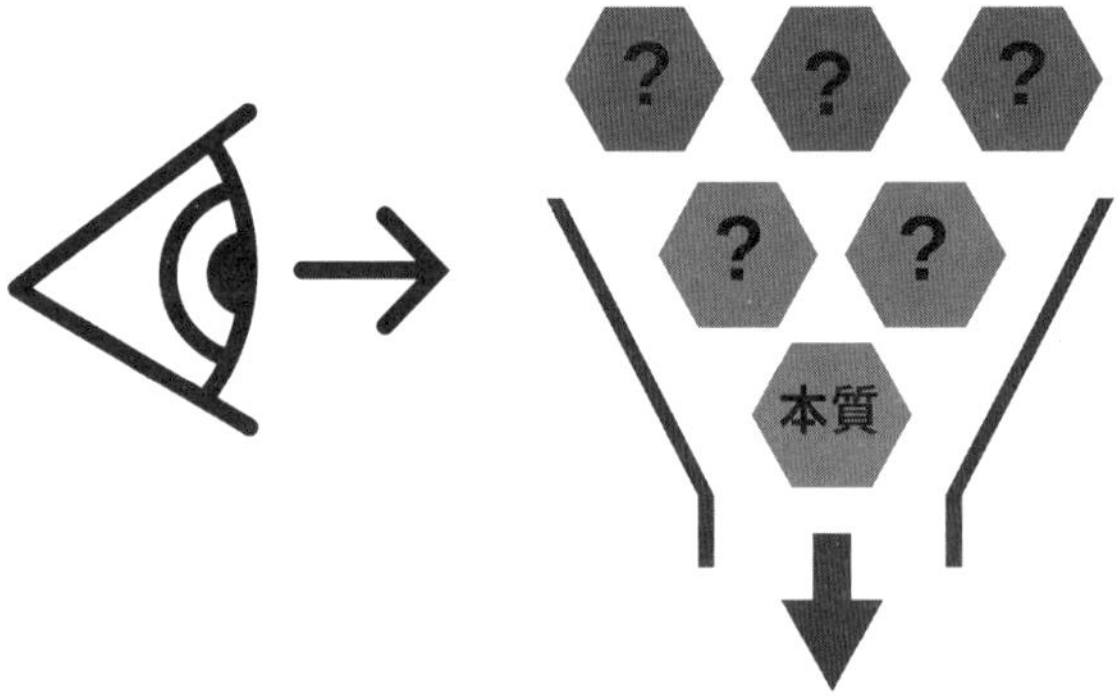

全ての仕事を手あたり次第よりよいものにしていこうとするスタイルは持続不可能だ。「頑張る」というコマンドは手段であり目的ではない。目的は子どもにとってよりよい学びや経験の場を作ることにある。それにつながる本質的な仕事を「選ぶ」ことで、子どもも教師もハッピーになれる道筋が見えてくるはずだ。

働き方改革とは、すなわち生き方改革だ。先ほどの本の中にも取り上げられているアメリカの女性詩人メアリー・オリバーの有名な詩に、こんな問いかけがある。

「教えてください、あなたは何をするのですか？　その激しくかけがいのない一度きりの人生で」

本質的な仕事を選び、働くことで、人生は豊かなものになっていくはずだ。

逆算思考

——5時に帰るためには5時に帰る

〝5時に帰るためには5時に帰る〟　川人佑太（元大阪市中学教務主任　現100円たこ焼き店長）

突然だが、僕の友人に川人という少し（いや、かなり）変わったヤツがいる。午前中は非常勤講師として数学の教員をし、午後には100円のたこ焼き屋をしている。そんな彼が教務主任をしていたときの業務改善の実績を買われ、名古屋ワークライフフォーラムという場でスピーカーとして登壇した。そのときの主張が「**5時に帰るためには5時に帰る**」だったのだ。

わざわざ休日に足を運んだセミナーでそのような暴論を聞かされたら怒って帰ってしまってもおかしくない。しかし、これは見事に核心を突いている。

日本中の報道を見ると、教師の月の残業時間が100時間を超えるような事例が散見される。でも、もし**「定時までに帰らなかったら今月のお給料が100円になる」**となったら、どうなるか。一ヵ月のお給料でたこ焼きしか買えない。

そうなると、おそらく、何かを捨てて、あきらめるはずだ。その際、5時から逆算し、かなりシビアに優先順位をつけてできる仕事を選別していくだろう。その結果残った仕事こそが本質的な仕事だ。

これこそが逆算思考だ。やりたいことは無限に出てくるのがこの仕事、5時から逆算してできることを精選し選択と集中をしていくことが重要だ。

これまでも、そしていまでも多くの学校現場では**積み上げ思考**が主流だった。積み上げ思考とは、終わりの時刻を決めず、とにかく仕事を積み上げていき、片がつくまでやり続けるという思考だ。ビジネスの世界ではこれは有り得ない。なぜなら人件費というコスト

逆算思考で選択と集中を

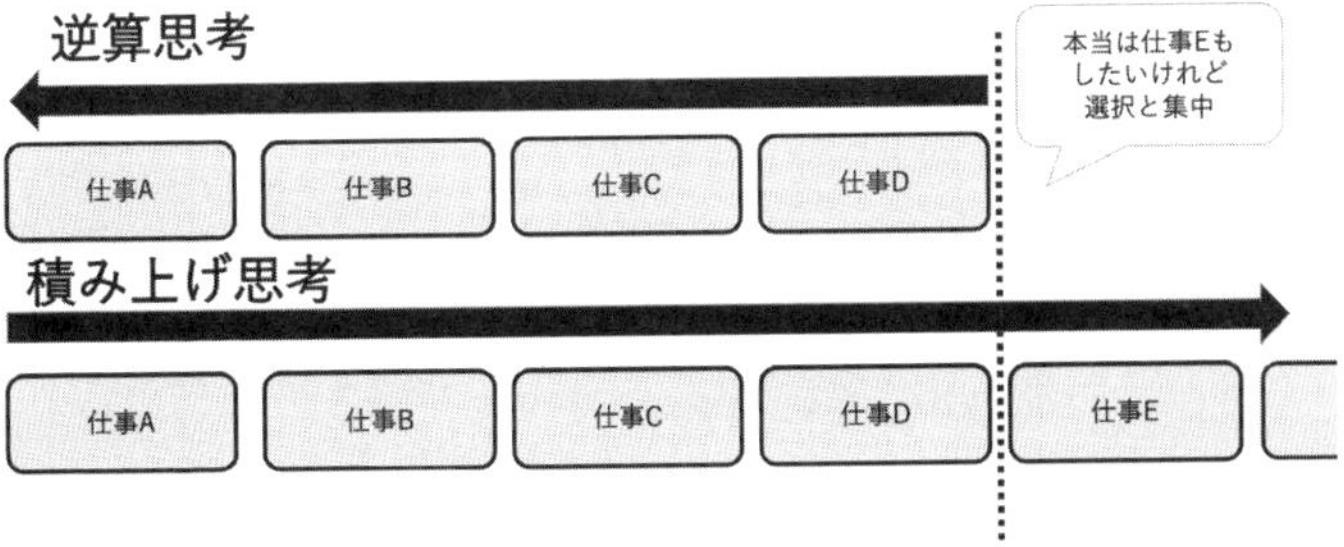

が存在するからだ。学校現場では給特法という月額定額教員働かせ放題サブスクサービスにより残業代という概念がかき消されている。本来なら1時間残業すれば両手で抱えきれないぐらいのハーゲンダッツが買えるぐらい支給されるべきものなのだ。それに見合う価値があるのか、ないのかを考えて残業というカードは切りたい。

完了思考
――そもそもその仕事のクオリティーを上げる必要はあるのか

Done is better than perfect.
〝完璧を目指すよりまず終わらせろ〟 マーク・ザッカーバーグ（Facebook創設者）

学校の世界にはクオリティーを必要とする仕事、クオリティーを必要としない仕事の両極があり、いずれの仕事もその間のどこかに位置する。クオリティーを必要としない仕事にまで、そのクオリティーを上げようと頑張るアプローチは遅かれ早かれ破綻する。繰り返すが、**時間は有限な希少資源**だからだ。

持続可能な働き方をしていくために必要不可欠な大切な考えが、クオリティーはさておき、ひとまずその仕事を終わらせようという考えが**完了思考**だ。反対に、その仕事の重要性の如何に関わらずクオリティーを上げていこうという考えが**完成思考**。

具体的な事例として要録所見の文末を通知表の敬体（〜です）から常体（〜である）に変更するという仕事を挙げる。

完成思考でこの仕事にアプローチした場合は、Excelでの検索・置換やマクロでボタン一つで一括で文末表現を変更することが考えられる。でも、それだけでは文章がおかしくなってしまうので、結局手直しをしなければいけないシーンも多かった。

仕事の質を意図的にコントロールし時間を生み出す

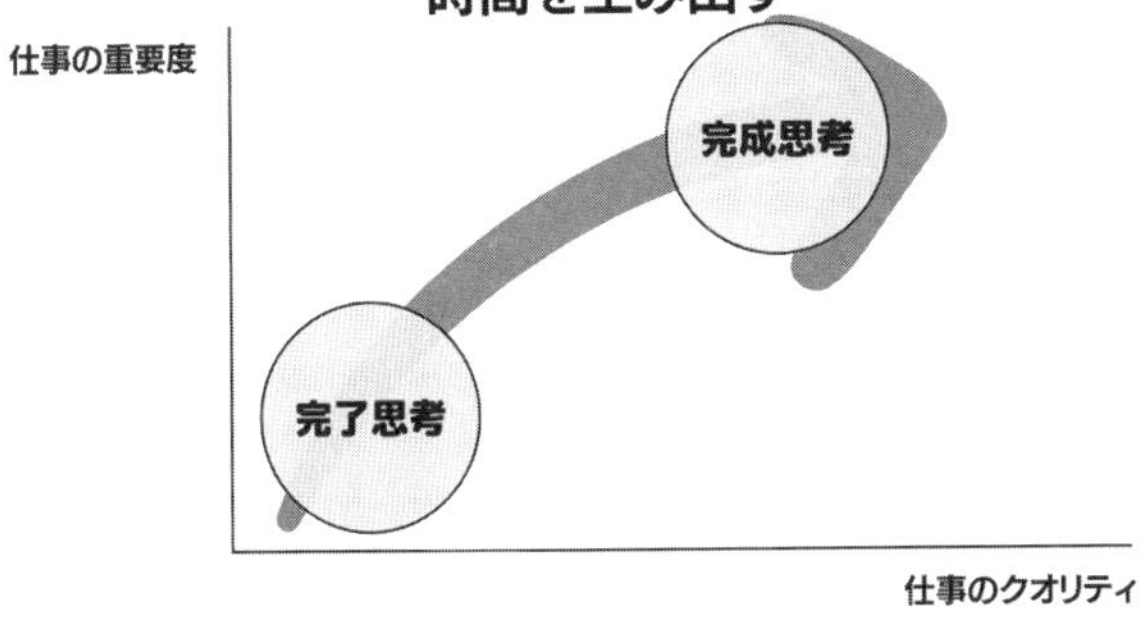

では、完了思考でこの仕事にアプローチした場合はどうなるか。それは、要録所見の文末表現を敬体のまま要録所見に記載するというものだ。えっ？　そんなの有り？　と感じられる方もいるかもしれない。でも有り有りの有りです。なぜなら要録は「常体で書く」という公簿のきまりはないからだ。しかも宝くじで1億円が当たる確率ぐらいには保護者から開示請求される可能性も低い。その上で「何で敬体なんですか？」とクレームが来る確率ときたら、その帰りにUFOでさらわれるぐらいのレベルだろう。

このように、完了思考を持ち、この仕事のクオリティーを上げる必要はそもそもあるのかという意識を常々働かせることで、いままでの常識や慣例を打ち破って大きな業務改善につながることがある。事実、僕はこれを職員会議で提唱した結果、すっと通った。

業務改善のためにICTを活用することは手段であり目的ではない。なまじICTに強いと無駄なことのクオリティーを上げようとし、結果的に業務改善が進まないというシーンも起こり得る。

完了思考と完成思考とを使い分け、本質的に重要ではない仕事は完了思考でひとまずこなすという考えを持つことで、時間を生み出していくことが大切だ。

そこで生み出された時間を本質的、すなわち確かな成果につながるような仕事に注ぎたい。

2章

教師の仕事がこんなに変わる！

劇的に変わった！紙々との戦い2・0

――デジタルの福音　#メモ　#OneDrive #Google Drive

さて、ここからは具体的なＧＩＧＡ時代の働き方のアイデアについてお伝えしたい。これまで働き方について本に書いたり、さまざまな発信をしてきたが、ＧＩＧＡ時代を迎えて劇的に仕事のしかたが様変わりした。

この章では教師の仕事の困り感がＧＩＧＡでどんなふうに変わるのか、教師が5時に帰るための具体をお伝えしていく。さあ、生産性を上げて5時に帰ろう。

ICTの活用で、なによりダントツにラクになったのが、「紙々との戦い」だ。なんといっても、無限に湧き出てくる紙、紙、紙、紙々との戦いを制すものが、定時退勤を制すと言っても過言ではない。

これまで、ありとあらゆるデータは、紙としてファイルに入れたり、学校の校務用サーバーに保存したりといった形がほとんどだった。しかし、紙の場合は管理が煩雑になる。また、校務用サーバーだと職員室のパソコンからしかアクセスできないことがほとんどだ。そして件の校務用PCは多くの場合において鎌倉時代ぐらいのスペックときた。実は紙をデジタル化したところで、それがPDFなんかになっていた場合、ぶっちゃけ紙のときとそんなに変わらない。紙がパソコンの中に入っただけだ。これでは改善将軍への奉公にはならない。もちろん時間という御恩もおあずけだ。

そこで、馳せ参じるのが**クラウド**だ。結論から言うと、可能な限りデータをクラウドに保存していくべきだ。ほとんどの学校でGoogleDrive、OneDrive、iCloudなどのクラウドサービスがあるはず。そこにデータを入れておけば、いつでもタブレットや校務用パソコンや自分のデバイスからアクセスすることができるようになる。そうなると生産性が一気に向上する。クラウド化は、いわば、デジタル世界の「とりよせバック」だ。

なお、自治体によってどのようなデータなら保存してよいのかといったルールはまちまちなので、事前に確認は必要だ。

▽机上の資料を即ペーパーレス

1日の授業を終え、職員室の自席へ戻る。すると99％の確率で何らかの紙が置かれているだろう。それが積もり積もって中にはアンモナイトの化石ぐらいなら発掘できそうな地層のようになっている先生も…こうなると作業を円滑に進める上での強烈なボトルネックになる。そうならないよう、この紙々を成敗するためのコマンドは以下の3つだ。

「かみがあらわれた」※ドラクエの戦闘シーンのＢＧＭ

①そのまま捨てる。
②紙のまま保管する。
③スキャンして捨てる。

経験上、その紙々の8割ぐらいはそのまま捨ててＯＫなものだ。僕の場合、デスクの下に「コッシー」という名の古紙処分用のカゴを置いている。コッシーへ向けてそこにダイレクトシュート。ある程度溜まったら古紙に出す。

次にどうしても紙ベースで置いておかないといけないものは、Ａ４のクリアブックに入れる。出張関係の書類はいまだに紙に手書きでこればかりはどうしようもなかったりする。

そして、最後のデジタル化して捨てるという方法。これは**タブレットやスマホでスキャンして端末本体のメモアプリやクラウド上に保存することでデジタル化するものだ。**

たとえば眼科検診の案内の書類があったとする。これらをデジタル化しておき、必要に応じて検索窓で「眼科健診」と打ちこんで検索する。すると、すぐにその書類を取り出すことができる。実にスマートだ。

▽会議資料をペーパーレス&クラウドでシェア

生産性向上のためにお勧めするのが、会議資料のペーパーレス化だ。**会議資料のデータを職員全員で共有することでさまざまなメリットを享受することができる。**

たとえば運動会の提案文書を見たいときはクラウド経由でその会議資料を見に行くことができる。

でも、なかなかその資料が探せないなんてシーンもあると思う。そこで検索窓で「運動会」と打ちこんでみる。すると自動的にそのワードがある資料やページを取り寄せることができる。必要に応じてそのページをスクショしてメモに保存してもよい。

こんなとき、「手書きでメモをしたい」といった声もよく聞く。奥さん、大丈夫です。デジタル上のペンで書きこむこともできます。そしてテキストと同じくその手書き文字も検索でヒットします。テクノロジーの進化はすごいのです、奥さん。

ただし、全体で共有している資料にタッチペンで手書きすると全員に反映されてしまうので、自分用に別で保存することが必要だ。

▽学習指導要領をペーパーレス

学習指導要領などの資料も文科省のホームページからダウンロードして全てＰＤＦでクラウド保存しておくとよい。**教材研究のときやちょっと調べ物をしたいときには、先ほどと同じくワードを打ちこんで検索することができる。**

たとえば今年度はプールが再開になった、何度も会議で指導について話し合う。そんなとき、タブレットで「水遊び運動」と検索して学習指導要領で定められた指導内容について確認するといったシーンがあった。デジタルでの検索は爆速だ。あのなんともいえない緑色をした紙の指導要領とはもうおさらばしよう。

▽教材をデジタル化でペーパーレス

さまざまな教材もクラウド保存すると何かと便利だ。たとえば、市販テストの答えやドリルの答えなどを**裁断して一気に手差しでスキャンすることでいつでもどこでも見ることができるようになる。**デジタルで作ったワークシートなども、そこから子どもたちにTeamsなどで送ったり、データそのもののリンクを貼って取りに行ったりしてもらうなど、活用の幅は広い。

▽データをクラウドに保管して共同編集

ペーパーレスに成功したら、さらなるレベルアップを目指したい。これまでであればデータを誰かが作って、印刷するか、データを校務用サーバーに保存することが一般的だった。しかし、この二つは一見大きな差があるように見えて、「印刷して配る」という手順があるかないかの差であり、本質的には大きな差はない。

ここで満を持して登場するのがクラウドでの共同編集だ。データを校内サーバーではなく、クラウド上に保管し共同編集することで、生産性を大きく上げることができる。

体感的には、クラウド＞＞＞＞＞＞＞＞＞＞＞＞＞ペーパーレス＞＞＞紙ぐらいの生産性アップ度の差がある。

データのクラウド化による共同編集の方法についてMicrosoft 365のケースで説明する。

①Microsoft 365のExcelで資料を作成。

②共有→リンクをコピー（表示のみか編集可能を選択）。

③Teamsなどでリンクのコピーを送りタップした人は共同編集に参加できるように。

こうすることで、これまでそれぞれの端末で作成し、どこかへ保存してそれを開いたり印刷したりしていた作業が一掃される。そして誰かが編集すればタイムリーに反映されるようになる。これは大きなイノベーションだ。一度これに慣れるともう過去のようにそれぞれがデータを作り、フォ

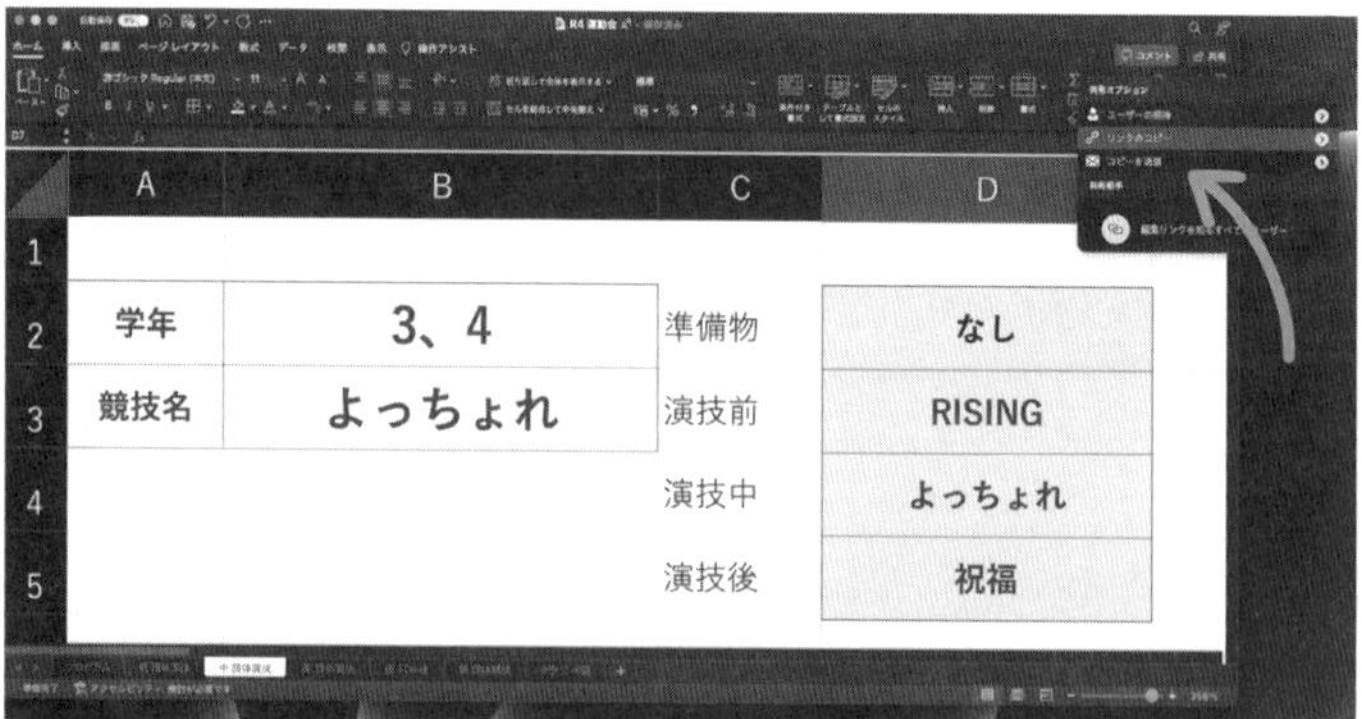

リンクのコピーの画面

ルダに保存する鎌倉時代のような方法には戻れない。
「いざ、クラウド」だ。

二度と前に戻れない！テスト最強メソッド2.0
——アナログとデジタルのハイブリッド化

学期末、教師を苦しめる仕事の一つがテストの丸つけだ。若い頃にはテストを1日に何枚もやって気がつけば手元には無数のテストの束が。そして放課後に白目になりながら丸つけに明け暮れるなんて生活をしていた。

そのとき、こう思った。「もっと…こう、あるだろう…」と。そこで無茶を承知で45分の授業の時間内で丸つけから返却までできないか。そんな無謀なチャレンジをしていくうちに実現できるようになった。そこでご紹介するのが、前作の『全バカ』で有名になったテスト最強メソッドだ。これは45分の時間の中でテスト、丸つけ、点数転記、返却までを終わらせるというものだ。

あれから数年が経ち、学習指導要領の改訂やＧＩＧＡスクール構想のスタートなど、大きな変化があった。それを受け、テスト最強メソッドは２・０へとバージョンアップされていった。働き方改革の鍵となるテスト最強メソッド2・0を実装していこう。

▽テスト最強メソッド1・0――45分で全てを終わらせる

これは前回までと基本的に同じだ。市販テスト全員に配ってテストスタート。できた子どもから教卓に持って来てもらい、届いた順にどんどんと採点していく。その際、一問ずつ赤ペンで丸をするのではなく、正解には「・」、不正解には「✓」をつけスピーディーにチェックしていく（丸つけ界王拳としてTVでも取り上げられ、僕の手が小倉優子さんと共演した過去あり）。

そして、点数を以前は紙の補助簿に転記していたが、現在はタブレットのExcelに直接打ちこみ記録している。ワンクッション、紙に記録する作業をカットした。

そして、ここで少しマイナーチェンジ。学習指導要領の改訂により、「主体的に学習に取り組む態度」の評価の在り方が変わった。単元を終えての振り返りをテストを見ながらじっくりと書くことが多いのですぐに返却しないようになった。

▽テスト最強メソッド2・0 —— CBTを実装する

CBTというキーワードをご存知だろうか。

CBTとはComputer Based Testingの略で、要するにコンピューター上で子どもたちはテストを受け、コンピューター上で自動で採点をし、返却までしてしまおうというものだ。

作成はMicrosoftやGoogleのFormsを使うと簡単にできる。

流れは以下の通り。

①氏名欄を作成しプルダウンで選べるよう設定。

②問題と正解を作成。

③回答を収集をタップしてリンクを子どもたちにTeamsやClassroomで送信。

画像データなどももちろん使うことができ、どの教科でも汎用的に活用可能だ。なお回答は4択形式などにすることがベターだ。記述式にすると自動採点の利点が活かせないからだ。

子どもたちが回答して送信すると即、採点がされ、データ化されていく。また子どもたちもどこが間違えたかすぐにわかることもメリットだ。全員が終わったらExcelやスプレッドシートで出力し、あとは成績用にコピペするだけで採点から転記まで完了だ。速いなんてものじゃない。テストを提出した瞬間、子どもたちは正誤をチェックできる。

いまは総括的評価の知識・技能に絞ってCBTを作成するようにしている。市販テストは少しでも間違えたら一気にマイナス20点といったことがよくある。よって評価の妥当性としては疑問が残る。そこでCBTを併用することにより正確な評価ができるようになる。

なお、算数の授業の最後に形成的評価を取るために小テストをCBTで実施することも試した。しかし残念ながら、持続可能性という点において厳しかった。

学校のテストのCBT化は教員が対応している現状だが、社会人向け各種検定はCBTが一般化している。今後、学校の分野でもペーパーテストからCBTへの移行が加速するかもしれない。そうなると相当なイノベーションだ。

1. 名前を選んでください *
答えの選択
2. 日本には（　　　）の都道府県がある * (10 点)
37
47
57
3. 京都府は日本の（　　　）地方にある * (10 点)
質問
応答

CBTのテストのイメージ

デジタル化の威力がすごいアーリーショケナー2.0

――音速の所見師となれ

学期末に教師を苦しめる仕事ランキング、堂々の一位は「所見」だ（※さる調べ（二〇二三））。教師の仕事の中でかなり負担の大きいものの一つだ。昔は土日に持ち帰って家で作業するのが当たり前になっていた。持ち帰ってやろうとするも、所見を打ちこむ手は進まない。日曜の晩、テレビで流れるサザエさんを横目に焦りだけが募っていく。仕事のないタラちゃんがにくい。

しかし、これはそもそものアプローチが間違っていたと後々気づいた。所見をまとめて書くという考えが根本的に間違っていたのだ。

そして、所見を学期末に一気に書くのではなく、早い段階から日々コツコツと書くようにしていった。そして、これが最適解だと確信した。以後、このような在り方を**「アーリーショケナー」**と呼称するようにした。そして、デジタル化の流れにより、その効果はさらに大きなものへとなっていった。

▽アーリーショケナー1・0——学期中に書く

所見を学期中に日常的に書くために、まずは校務用タブレットに所見専用の名簿をExcelなどで作成する。そして文字数を表示できるよう、LEN関数を活用する。（ググって…）以前なら職員室のパソコンでしかできなかった所見入力が、これでいつでもどこでもできるようになる。子どもが頑張っている姿や成果物などを見て、日常的に所見を入力していく。

なお、先述のクラウド上に保存した学習指導要領のデータから、より適切なワードを用いて所見を書くといったこともできるようになる。「走り幅跳び」を例に挙げる。ドライブ上の学習指導要領を選び、選択窓に「幅跳び」と打ちこんで検索。すると体育の指導要領全体を瞬時に検索し、幅跳びに関する箇所がピックアップされる。「リズミカルな助走から…」など、学習指導要領に使われている確かな言葉で評価ができるため、所見の精度も高まっていく。とくに経験の少ない若手の方におすすめだ。

▽5文所見フレームワーク——具体+抽象+Iメッセージで

一般所見を書く際、一定のフレーム（型）を持つとスムーズになる。僕が使う5フレーム所見法とは、①学習の具体、②学習の抽象、③生活の具体、④生活の抽象、⑤Iメッセージ、という流れで書く方法だ。以下がそのフレームに則って書いた所見例。

例：①算数科の授業のはじめに取り組んでいる百ます計算では、1分を切ることができるようになりました。②計算力や集中力の顕著な伸びが見られます。③運動会の団体演技「ソーラン」では、ダンスリーダーを務めみんなを引っ張りました。④積極性の高さやリーダーシップの高さは素晴らしいものがあります。⑤来学期のさらなる活躍を期待しています。

このように5文のフレームにすることで一文が長くなることによる違和感が生まれることを防いだり、パターン化することにより早く精度の高い所見を書いたりできるようになる。

▽アーリーショケナー2・0――学期前に書く

長期休業中に次学期の総合と英語の所見を書くことにしている。多くの方は「？」が浮かぶはずだ。ここでの所見は**実質的には観点ごとの評価基準**にあたる。指導と評価の一体化を考えると、評価基準の文言と所見の文言はきわめて近い性質を持っている。たとえば総合的な学習の時間であれば、前半を単元名と目標にする。

例：「京都府の魅力を伝えよう」では、京都の伝統や文化について学び、伝えることを目標に活動しました。

後半は3観点に応じてベースを作る。

例（知識・技能）：○○について教科書をインターネットを使って調べ、○○といった知識を深めることができました。
例（思考・判断・表現）：調べた○○について写真やグラフなども活用しプレゼンテーションを使った表現をすることができました。
例（主体的）：○○を伝えるためのプレゼンを何度も練習し修正をするなど、よりよい発表にしようと取り組む姿が見られました。

このように観点ごとの評価基準（基本的にB相当の評価）を作っておくことで、次学期の計画を見通すとともに、所見シーズンに非常にスピーディーに作成することができるという2つのメリットを得ることができるようになる。

デジタル時代のタスク管理
――ポケットの中の秘書「リマインダーを使い倒す」

もぐら叩きのラストステージさながらにタスクが連続的に生まれてくる学校現場。社会人になりたての頃は手帳に書きこんでいた。しかし、当然、アナログの手帳にメモしても自分から見ないと情報を手にすることができない。そこでスマホやタブレットのリマインダー機能の出番だ。これなら手書きよりスピーディーにタスクをメモし、自動でやることを通知してくれる。まるで専属秘書のような存在となるリマインダーを活用しない手はない。

▽アクティブなタスクをリマインド

期限が近い内容を便宜上、アクティブとここでは呼ぶ。たとえば、その日の体育の時間にちょっとした怪我をした子どもがいたとする。放課後に電話しようと思っていても、テンヤワンヤの日々を送っていると忘れてしまったりしがちだ。僕はめちゃくちゃ忘れてしまうタイプ…。

そんなときに役立つのがリマインダー。おすすめの運用方法は音声入力を使うこと。リマインドしたい内容や日付時刻を入力すると結構手間がかかる。その点、音声入力なら一気に入力することができるのでスピーディーだ。これなら初任者の先生でも検尿容器を配り忘れて家庭に届けるというテンプレの儀式を経験しなくてもよくなるだろう。

▽非アクティブなタスクをリマインド

期限はないが、自分の中でこんなことをしたい、要するに課せられたタスクではないが、自分がやってみたいといった仕事もリマインドに入れることをしている。便宜上、非アクティブなタスクと呼ぶ。タブレット持ち帰りの提案、他校との交流学習の計画などだ。リマインダーというよりは、むしろアイデアメモみたいなイメージでの運用だ。

▽固定リマインド

毎週同じ時間にリマインド通知をしてほしいタスクには、「毎週月曜日11時30分に通級教室リマインド」といったようなリマインド設定をすることで、毎週その時間に通知が鳴るようになる。また週末の金曜日の帰りの時間に「エプロン持ち帰り」といった生活感あふれるリマインドも設定している。

　これで教室に残されたいくつもの給食エプロンを見て金曜の放課後に教室で一人で「やっちまった…」と頭を抱えることもなくなるだろう。

明日の朝8時半に
検尿容器配付を
リマインドして
リマインダー
◯検尿容器配付
明日８：３０
はい、追加しました。

GIGAで変わる生もの仕事と乾きもの仕事

もし、定時退勤のために大切なことは何かと聞かれれば、「長期休みにどれだけ仕事をやっておくか」が答えの一つだ。この仕事は幸い長期休みにまとまった時間が取れる。そこでできる限り次学期へ向けての仕事貯金をしていくこと、アリとキリギリスでいうところの、アリ的思考が大切だ。夏休みや冬休みを額面どおり受け取ってはいけない。

飲食店ではお客さんが押し寄せるピークタイムの前に、多くの仕込みをする。それをしないと店が回らない。同じように我々教員も子どもというお客さんがひっきりなしにやってくる学期の前に仕込みをすませておくべきなのだ。

一年を通じて、仕事を「乾きもの仕事」と「生もの仕事」とに分け、学期中に「生もの仕事」を、長期休み中に次学期の「乾きもの仕事」をするという仕事の回し方が重要になってくる。

「生もの仕事」とは、タイムリーにしないと、質の保存ができない仕事のことを指す。評価や会計がその代表格だといえる。

「乾きもの仕事」とは、事前にやっても質の保存ができる仕事のことを指す。

ちなみにこの本を執筆しているのは夏休み。2学期のための「乾きもの仕事」をしていくターンだ。では夏休みにはどんな乾きもの仕事をすればよいのか考えたい。

一年を通じての乾きもの仕事と生もの仕事の回し方

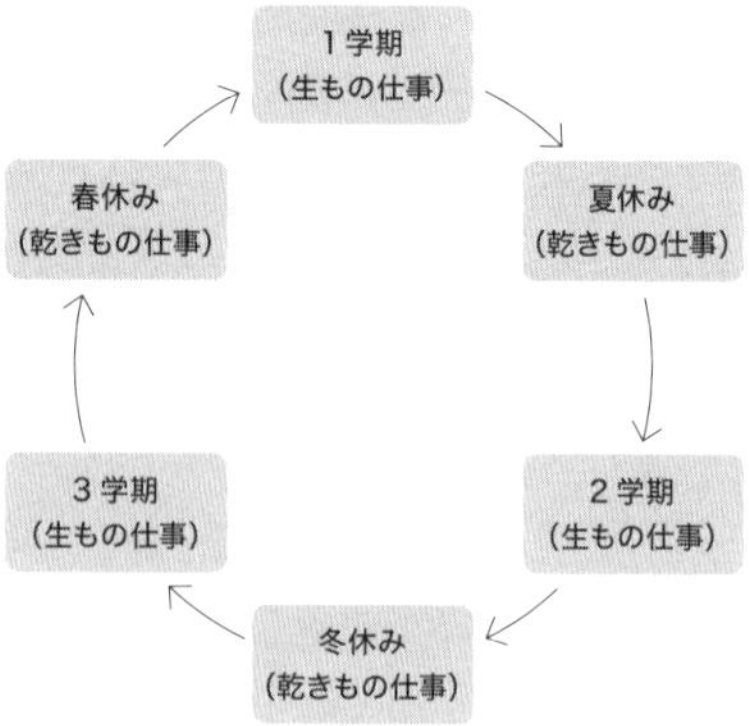
1学期
(生もの仕事)
夏休み
(乾きもの仕事)
2学期
(生もの仕事)
冬休み
(乾きもの仕事)
3学期
(生もの仕事)
春休み
(乾きもの仕事)

長期休みにすべき「乾きもの仕事」

▽ハード的教材の印刷

絶対にペーパーでないといけない（子どもに手書きをさせてインプットをさせたい）ものに絞って印刷する。百ます計算、漢字小テストといった手書きでの習熟が望ましい教材がまず挙げられる。また書写の練習の紙などもデジタルで代替不可能なので当然、印刷がマストになる。ＧＩＧＡが始まって本当に印刷するものは随分減った。繰り返しになるが、そろそろ樹の精からお中元のゼリーでも届いてもよいはずだ。

▽CBT作成

Formsなどを活用しタブレットで子どもたちが解答し、自動で採点がされる仕組みが先述のＣＢＴ（Computer Based Testing）だ（54頁参照）。これも長期休業中に作っておくと吉。

▽デジタルワークシート作成（体育、理科）

これまではワークシートといえば紙だった。しかし教科によってはその特性上デジタル化することでさまざまなメリットを享受できるようになる。デジタルワークシートのメリットは、

①動画や画像を載せることができる
②計算などが自動でされる

の2点になる。ここでは体育と理科における活用例を紹介する。

体育では幅跳び、走り幅跳び、ハードル走などの陸上競技での活用をとくにお勧めする。ハードル走では「頭の位置が変わらないように」といった指導をするもの、走っている本人からすれば全然わからないもの。しかし、走っている姿を録画すれば、フォームを友達同士で撮り合い、チェックすることができるようになる。振り返りカードに毎時間動画を貼ることで単元全体での自分の成長を感じることにもつながる。

また、立ち幅跳びの記録を入力することで自動的に走り幅跳びの目標記録が、50m走のタイムを入力することで自動的にハードル走の目標タイムが生成されるといったことも可能に

なる。子どもの基礎体力により目標が変動するような陸上競技では有効性が高いといえる。あと、風で飛んでいかない。

理科での実験や観察においてデジタル化の最大のメリットは、まず、いままで紙では実現不可能だった動きのあるワークシートを作ることができることにある。水の流れをスローで撮影したり、雲の動きをタイムラプスで撮影したりし、動画データをワークシートに埋めこむことができる。

個人的には、雲の動きを紙のワークシートに手書きで記録するって、子どもの絵を描く力にかなり左右されるように感じる。

それが大なり小なり評価に影響するという本

走り幅跳び記録表

日付	5/30	5/31	6/3	6/5
1回目	245			
2回目	252			
3回目	248			
最高	252	0	0	0
フォームチェック				
振り返り	しっかりと手を振り上げて踏み切ることを意識できた。次は記録をもっと伸ばしたい。			

表計算ソフトを使った走り幅跳びカード

質的なズレがあったようにも思える。しかし、動画で記録するようになればそういったズレも解消される。

また、自動計算により、振り子の実験の記録もデータを打ちこむだけで平均値が算出されるといったこともできる。ただし、これは便利な反面、手計算による実験記録という技能面が置き去りにされることもあるので、そこは押さえた上でデジタルへ移行する視点も大切にしたい。

仮説

振れ幅を変えると、振り子が往復する時間も変わる

条件

変える条件	同じにする条件
振れ幅	おもりの重さ ひもの長さ

実験1の結果

振れ幅	1回目 10往復する時間 (秒)	2回目 10往復する時間 (秒)	3回目 10往復する時間 (秒)	合計 (秒)	1往復する時間 (秒)
大	19	20	19	58	19.3
小	20	19	19	58	19.3

表計算ソフトを使った振り子の実験ワークシート

学習計画と評価基準の作成

――カリマネで学びの必然性と時数の余白を生み出す

長期休みにすべきもっとも重要な仕事のひとつが、次学期の学習の指導計画、および評価基準の作成だ。いや自分で書いてて堅いなあと感じつつ、これは本質だ。とくにＧＩＧＡが始まって以降、ＩＣＴを使って時間や空間を無効化して表現することが可能になった分、以前よりもカリキュラム・マネジメントの必然性が増したと感じる。

文科省が出している「カリキュラム・マネジメントとは」の話を僕なりにまとめると**「教科や領域をぎゅっと寄せていくことで学習のインプットとアウトプットの必然性を高めるとともに、ＩＣＴで表現活動をするために時数をも稼ぐ。あと、スペシャルな人や場での交流もやっちゃう」**となる。

▽時数の余白と学びの必然性を生み出す

たとえば国語「新聞を作ろう」、社会「ごみ処理の仕組み」、ともに10時間の単元があったとする。

社会科で学んだゴミ処理の仕組みの内容について、国語で学んだ新聞の書き方を使って、「ゴミ新聞」を書くという活動をゴールとすることで、時数を最適化するイメージだ。

さらに、ここに総合にも参戦させる。

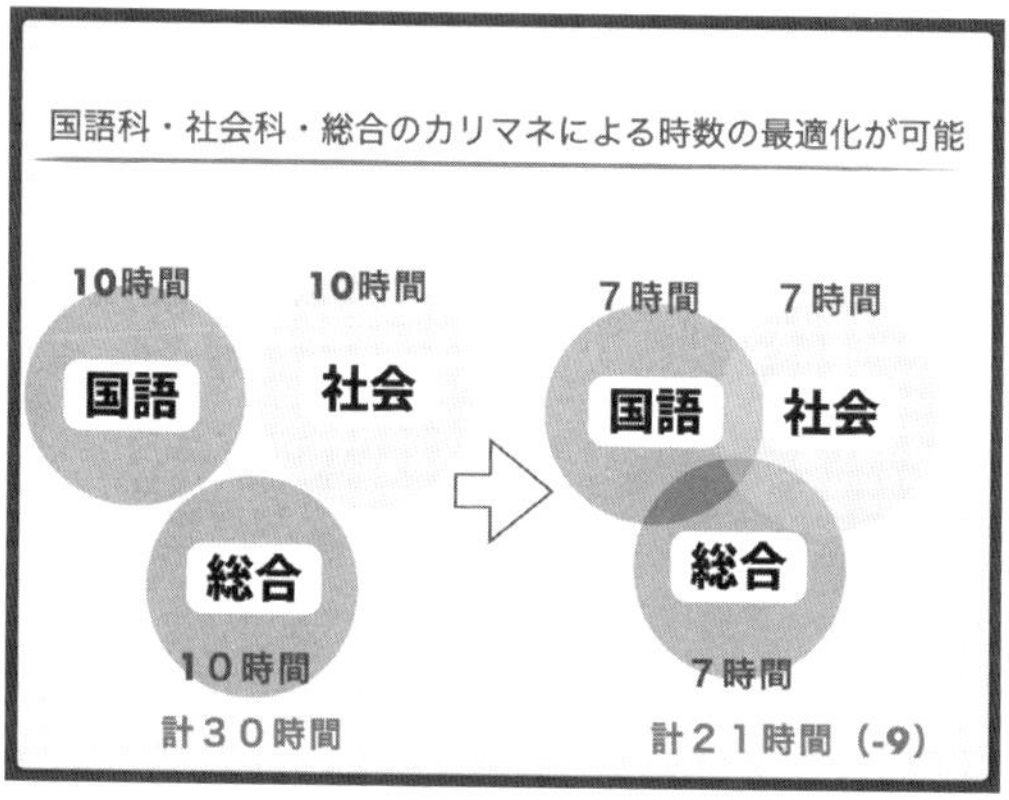

国語科・社会科・総合のカリマネによる時数の最適化が可能
10時間
国語
10時間
社会
総合
10時間
計３０時間
7時間
国語
7時間
社会
総合
7時間
計２１時間（-9）

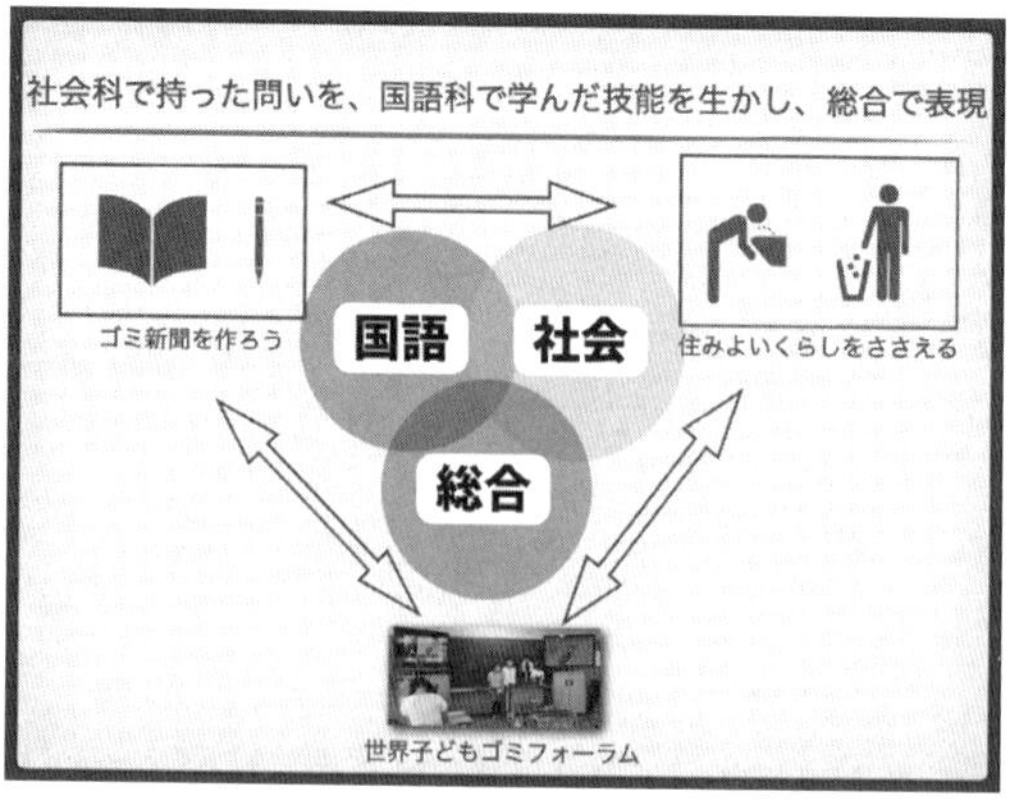

社会科で持った問いを、国語科で学んだ技能を生かし、総合で表現
ゴミ新聞を作ろう
国語
社会
住みよいくらしをささえる
総合
世界子どもゴミフォーラム

Zoomを使い、外国の日本人学校の教室とつなぎ、日本のゴミ処理事情についてお互いにプレゼンする活動をした。スペシャルな場や人との交流がゴールにあるため、当然ながら学ぶ必然性が高まる。また、それぞれの学習コンテンツを大きく重ねているため、ＩＣＴを使って表現するための時数的な余裕も生み出すことができる。

▽評価基準の相乗り

さて、こういった活動の評価をどうするか、ポイントは評価基準の相乗りだ。

- プレゼンの仕方　…国語「思考・判断・表現」
- プレゼンの内容　…社会「思考・判断・表現」
- ゴミ新聞の書き方…国語の「知識・技能」
- ゴミ新聞の内容　…社会の「思考・判断・表現」

一つの成果物で、複数教科、複数観点でのパフォーマンス評価に位置づけることで、子どもにとっても教師にとっても持続可能な活動になっていくと考える。

Teams、Classroomは学習や校務の母艦としての役割を担う

MicrosoftのTeamsやGoogle Classroomは、クラスにおける学習や活動の母艦となる存在で、学級のＩＣＴ化においてなくてはならないツールだ。

さまざまな個別の便利なアプリなどがあるが、それらはこの母艦から発進する艦載機のイメージ。ここに全てが集約され、発散、また集約されることにより、人と人とをつなげていくことになる。先述の2つのアプリを抽象化してポイントをお伝えしていく。基本的にTeamsベースになるので、Google Classroomではできないような点もいくつかあるのでご理解いただきたい。

▽まずはアイコンを描き自分の分身を

まずやること、それはアイコンを作成することだ。初めての場合ならタッチペンなどで絵

を描くことは難しい。そこで紙に自分のアイコンを描き、それを写真で撮ってアイコンにする方法もオススメだ。また、下書きを鉛筆で描き写真で撮り、色塗りをメモアプリなどのマークアップ機能でするというハイブリッド方式もよい。

なぜアイコンが大事か、それは一目見て誰が誰なのかがをわかるようにするためだ。初期設定ではアイコンに名前の頭文字が入ることが多く、パッと見て誰が誰なのかがとてもわかりづらい。たとえば僕ならさかもとよしあきの「さ」と「よ」で「さよ」ってなる。どこのスナックのママやねんと（読者の方にさよさんがいらっしゃったら深くお詫び申し上げます）。まずはアイコンを描いて設定し、**デジタル上に自分の分身をそこに生まれさせること**が大切だ。

▽チャネルを単元ごとにスレッドを作る

次にすることとは、クラス内にチャネルを作ることだ。01時間割　02連絡事項　03国語　04算数…など、番号を振っていく。

次に、そのチャネル内にスレッドを立てる。スレッドとは、トピックや話題ごとの固まりのことをさす。

Teamsのチャネル内で単元ごとに指導者がスレッドを立てることで、まとまりが出て見やすくなる。テキストでのやり取りだけなく、写真や動画を添付したり、リンクを送ったりすることもできる。板書と違い学習履歴がどんどんアーカイブされていくため、子どもたちが過去のスレッドを遡って確認するといったことができることも大きなメリットだ。

▽クラブや委員会でガンガン使う

高学年を中心とするクラブや委員会でこそTeamsやClassroomが真価を発揮する。その理由として、クラスと違ってメンバーが一箇所に集まることが週一回もないため、非同期でのコミュニケーションが有効になるからだ。持ち物や集合場所の連絡、その日の活動の記録、それぞれの成果物のシェアなど、活躍するシーンは多岐に渡る。

Teams のチャネル作成のイメージ

▽職員室、学校間でもガンガン使う

TeamsやClassroomで会議資料やデータなどをシェアすることで、印刷作業がカットされ効率化が進む。また他校との小中連携などの連絡は電話だと手間がかかるが（とくに中学の先生は部活指導中で出られないことも多い）、Teamsでそのメンバーのチームを作りテキストベースで非同期で連絡をしたり、資料をシェアしたりできる。電話やＦＡＸはもうやめにしよう。とくにＦＡＸ、お前は本当にダメだ。

なお、最近はステルスＩＣＴ研修という手法を密かに取りいれている。僕は親睦会会長という最も重要な校務分掌を仰せつかっているのだが、終業式の後の「おつかれさま会」で、お弁当やケーキをみんなで食べたのち、レクリエーションとしてKahoot!を使ったクイズ大会をした。新転任者の先生にインタビューをし、クイズを作った。狙い通り、大盛り上がり。まるで特殊部隊隊員さながら、「教室でもやってみよう」と他の先生への動機づけをするというミッションを気づかれないようにやってのけたのだ。

振り返りの3パターン
――アナログ×デジタル

その日に学んだことや疑問を振り返ったり、自分自身の変容について振り返ったりと、子どもたちが「振り返り」を書く活動は多い。そして、その子どもの振り返りを指導者が読み、子どもたちを形成的評価や総括的評価をするシーンもまた、多い。

頻度が多い分、これは働き方の面からも考える必要のある問題とも言える。ここでは、その目的に応じた3パターンの振り返りの方法について考えたい。

▽①ノートに手書きで提出

まずは、古きよきノートに振り返りを書くという方法。意外と思われるかもしれないが、僕はこのパターンが8割だ。

たとえば、社会の授業で「中京工業地帯は自動車をたくさん作っていることがわかった。

また（以下略）」といった振り返りを書く際には、知識の定着を図るという目的も大きい。タイピングでスピーディーに中京工業地帯と打つのと、鉛筆とノートでスローに中京工業地帯と書くのとでは、脳への知識の引っかかりという面で後者に軍配が上がる（肌感覚ではあるが…）。

スマホの出現により知識の価値が下がっていると叫ばれてはいるが、最低限の知識を自分の中に定着させないと、それを足場として新たな学びへと発展させることはできない。よって**単元の前半で知識・技能を定着させることを目的としたステージでは手書きのノートでの振り返りをおすすめする。働き方の観点からも、この辺りはいちいちデジタルで提出させてチェックするよりも、アナログでやった方が早い。**

なお、これらのノートを見ての評価は形成的なもののはずなので、毎時間わざわざＡＢＣを転記して成績に反映させようとされている方がいたら、本質的にずれているのでやめた方がいい。自分で勝手に忙しくして本質からも遠ざかるピエロになってはいけない。

▽②デジタルでパブリックな場でシェア（形成的評価）

思考・判断・表現に重きを置く活動の振り返りでは、Teams、Classroom、Padletなどでお互いに見ることができるパブリックな場に振り返りをタイピングで出し合いシェアする。単元の後半の表現活動のステージや、道徳や実技教科などでよく使う。

たとえば道徳で「今日の学習では○○の○○な行動を僕も見習いたいと思った。もし、同じような場面にわたしが（以下略）」といった振り返りをPadletでシェアする。すると、友達の考えを見て、自分の考えを深めようとする子どもも出てくる。そしていいねやコメントで相互評価をすることもできる。また、デジタルだと自分の成果物や演技を写真や動画を添付して振り返りをシェアできるというメリットもある。

▽③デジタルでパーソナルな場に提出（総括的評価）

単元の最後の振り返りはデジタルでその子どもと指導者のみが見ることのできるパーソナルな場への提出をする。そしてFormsを使い、個別にタイピングで振り返りを書いて送信する。

たとえば「今回の漢字50問テストは78点で目標の80点に届かなかったので悔しかった。宿題で計画通りに（以下略）」といったように、子どもと指導者との間のみでやりとりしたい内容もこれならバッチリだ。

円盤との戦いを制す

——さらばCD

12年教員をやってきて、焼いたCDやDVDの枚数は数え切れない。運動会の表現運動の音楽を何回も調整して焼き直したり、学校全体の行事で全学級分焼いたり…そして肝心なときにいつもいなくなる「話す聞くテスト」のCD…このように、学校現場はCDという円盤との戦いにも明け暮れていた。しかし、いまならこの問題は一網打尽に解決できる。

まず、学校で共有する音楽や映像はデータとしてTeamsに送ったり、クラウドに保存したデータのリンクを送る、タブレット保存などして円盤レスにしていく。また、運動会などで使う音源もタブレットに入れBluetoothスピーカーにワイヤレスで飛ばすことでクリアできる。これで隣のクラスに「話す聞くテスト」のCDを借りに行く風物詩も見納めだ。

またクラスに一つBluetoothスピーカーがあると何かと便利だ。クラスでの体育で雰囲気を出すために音楽をかけたり、朝の会や帰りの会でBGMをかけたりもできる。

遠足×ICT
――#Teams

校外学習と1人1台タブレットを活用したあり方、具体について考えたい。結論から言うと、校外学習にはタブレットを持っていくべきだ。その3つのメリットについてまとめてみた。

▽目的の明確化

子供たちが1人1台タブレットを持って校外学習に行くことの大きなメリットは、学習の必然性が増すことにある。たとえば、4年生ではゴミ焼却場や、浄水場などのインフラ関係に見学に行くことが多い。GIGA以前の場合なら、現地で見たり聞いたりしたことをメモや絵で書き残し、帰ってきてから新聞にまとめるといった活動がベーシックだった。

しかし、タブレットを持って現地に行くことで大きく変わる。全員が写真を撮ってそれをクラウド上のドライブに送り合ってシェアしたり、現地でそのままプレゼンソフトでレポートを作ったりすることができた。また、後日その写真や動画を活用しドキュメンタリー番組分のムービーを作るといったアウトプットをすることもやってみた。

遠足の出口として、何らかのミッションがあると、遠足自体の目的が明確化される。家に帰るまでが遠足じゃない。アウトプットをするまでが遠足なのだ。

▽しおりのペーパーレス

デジタル化のメリットの1つが、しおりのペーパーレス。以前なら、日が近づく頃になると、何ページものしおりを学年全員分印刷し、それをホチキスなどでとじるといった膨大な作業があった。しかし、デジタル化によりこの作業はカットすることができる。

また、林間学習などさまざまなシーンでの役割分担などの情報量が多い場合、指導者がそれを整理し作成することも大きな作業負荷となっていた。2年目のときには白目になりながら124人分のしおりを刷った記憶が…しかし、それぞれを子どもたちが分担してデジタルで作成して共有することによりこういった作業は消し去ることができる。

▽現地での連絡

これはWi-Fiが活用できる場所に限定されるが、現地でバラバラに活動するようなキッザニアのような施設における連絡手段として非常に有効だ。突然のトラブルや、グループからはぐれてしまうといったシーンで、Teamsの通話やチャットで子どもと指導者が連絡を取り合ったり、はぐれた友達と合流する場所を伝え合ったりするなど、その利便性は非常に高いものがあった。また、現地でお互いに撮り合った写真や動画を投稿することでリアルタイムにアルバムができていくといった、ワクワクする使い方もできた。余談だが、キッザニアは遠足先として最高だ。何しろ教員用待合室でゆっくりコーヒーが飲める。毎日行きたい。

3章

教育用4大アプリを実装せよ

——Canva／Padlet／Kahoot!／Flip

今回のＧＩＧＡスクール実装劇の中で、あちこちスットコドッコイな珍事が起こっている。iPadを導入しているが、Appleのアカウントは付与されておらず、その代わりにMicrosoftのアカウントが付与されているが、WordやPowerPointが使えないといった摩訶不思議な現象が、実際にある（契約上の問題らしい）。

そうなると、クラウドでの共同編集ができないなど、本来のハードやソフトのスペックを発揮できないシーンが多く生まれる。そこで出番となるのが、Apple、Microsoft、Google等のハードに依存せず、なおかつ契約せずとも使用できるアプリたちだ。中でも使い勝手や汎用性が最強クラスの４つのアプリをこの章では紹介する。個人的に教育用４大アプリと呼んでいる、Canva/Padlet/Kahoot!/Flipだ。

いずれもAppleやGoogleのアカウントがあればサインインオプションという形で使えるようになる。これらのサービスを活用することで授業の活動の幅が大きく広がる。また、どれもデザイン性やエンタメ性が圧倒的に高く、子どもを引きつける。なお、いずれのサービスも働き方の面でも優位性を発揮するものが多いので、ぜひ活用していただきたい。

GIGAの本質とは

ここで、GIGAの本質について考えたい。セミナーなどでよくこんな質問をする。

「GIGAの本質は何か?」

おそらく一般的には「一人一台のタブレット活用」という答えが返ってくるはずだ。

しかし一人一台のタブレット活用は本質ではない。なぜなら、それだけなら以前のパソコンルーム時代のパソコンを外に持ち出したのと大きくは変わらないからだ。

GIGAの本質はクラウド活用にある。

すなわち、子どもたちが活動する場がそれぞれのタブレット端末の中ではなく、クラウド上にあることで協働的な学びが実現するという算段だ。

クラウド上にデータがあることで、子どもたちが同じデータを同時に作業できる**共同編集**、子ども同士でお互いに見合うことができる**相互参照**、子ども同士でお互いにほめ合ったりフィードバックし合ったりする**相互評価**、この3つのメリットを生むことができる。

これらが授業デザインや学級経営、そして指導や評価がしやすくなるという働き方においても強烈なプラスをもたらす。

クラウド型の強力なメリット

共同で編集できるという強み

互いの成果を見られる

互いにコメント・評価できる

Canva
——教育界のスーパースターアプリ

Canvaは僕がもっともよく使う最強のスーパースターアプリだ。Canvaだけで一冊の本が書けるぐらいに、できることの守備範囲が本当に広い。プレゼンスライド、作文、レポート、動画、ポスターなど、どんなものでもお洒落にすぐ作ることができることが特徴だ。

▽多機能なCanvaでの表現

Canvaにはほかのサービスを遥かに凌駕する豊富なデザイン素材、機能性がある。それにより、より短い時間で素敵な表現ができるようになる。ザクッと紹介する。

・テンプレート

Canvaは無数のテンプレートが存在しており、それをベースに作り始めることにより、非常に短い時間で表現物を完成させることができる。たとえば「夏」で検索すると左下のとおり、ポップなテンプレートがたくさん出てくる。

・豊富な素材

素材を探す際、いままで正直「イラストや」を活用することが多かった。ただ、やっぱりデザイン的には、あれだった。しかし、Canvaなら検索することでフリーに使える画像、アニメーション、動画、音楽、などなど数え切れないパターンの素材がある。「夏」と検索すれば、左下のようにイラスト、写真、アニメーション、動画となんでもござれの状態だ。テキスト、素材、テンプレが豊富に選べる。

豊富な素材が検索で探せる

・フォント

日本語のフォントの数は限られていることが多いが、Canvaではかなり豊富なフォントが用意されている。下記のとおり、普通では使えないようなオシャレなフォントが使えるのが楽しい。なお、検索窓に「日本語」と入力しておくと英語限定が省かれるので便利だ。

・アニメート

パワポなんかでアニメーションを付けるのって、結構大変だ。子どもたちはアニメーションを覚えると、そればっかりに力を入れて凝り始め、アニメーション職人化する子どもも現れる。しかし、Canvaなら「アニメート」という機能があり、アニメートをタップするだけで自動で全てのスライド

各種の素材がある中から選び放題

によい感じのアニメーションをつけてくれる。プレゼンを作る上でこれは必須のスキルだ。

▽俳句づくりを例にCanvaの基本を押さえる

このCanvaでは共同編集が簡単にできる。基本となるのはプレゼンテーションのテンプレだ。リンクをコピーして共同作業したい人に送るだけですぐにスタートできる。

Canvaを使った俳句作りというシンプルな授業を例に共同編集の活用を考える。

①スライドをクラスの人数分作成

Canvaのプレゼンテーションを選択し、クラスの人数分の白紙スライドを作りリンクをコピー。

②子どもたちにシェアし共同編集モードへ

リンクをTeamsやClassroomなどでクラスの子どもたちにシェア。子どもたちはそのリンクをタップした時点で共同編集者となり、自由にスライドを編集できるようになる。なお、コピーする際に閲覧のみか、共同編集かの選択ができる。

③名簿番号でスライドを指定

名簿1番の小林くんは1番のスライド、名簿2番の松尾くんは2番のスライドといったように、スライドを指定する。指定されたスライドで子どもたちはそれぞれ俳句作りをする。クラウド上で子どもたちはお互いに見ながら作業、要するに相互参照の状態にあるので、タイムリーに子ども同士で学び合うことができる。

▽評価

さて、働き方という面でのメリットにも触れていきたい。まず、授業中に子どもたちの活動を手元の教師機で確認できるため、よい点をほめたり、改善点をアドバイスしたりと、形成的評価を常時走らせることができるイメージだ。クラウドでのグループ学習をしているときには、複数の班の様子を俯瞰しやすいことも大きなメリットだといえる。

また、いままでのようにそれぞれの端末内で制作していた場合、そのデータを何らかの形で指導者に「提出」する必要があった。そしてそのデータの一つ一つを開いて総括的評価をしていた。しかし、クラウド上では、できたらそれで終わりで、そもそも提出する必要がないので、これまでのような提出物チェックといった仕事もなくなる。そしてデータの開閉レス化。これは大きなイノベーションだ。

▽成果物の出力

クラウド上で子どもたちが作った成果物、実はかなり印刷している。なんだかんだで授業参観などで物理的に掲示はあった方がよいというのがいまの考えだ。これまでなら、ただデジタルで作ったものを印刷するとなると、これまた一つ一つデータを開けるという手間があったが、クラウドのスライドを使った成果物なら、一撃で全員分が印刷できる。なお、僕の勤務校では印刷代の非常に安いインクジェットのプリンターを設置しているため、カラー印刷も可能となっている。これはとくにおすすめの方法だ。

▽クラウド型授業での鉄の掟――コマンドゼット

共同編集での授業をしていると、とくにはじめの頃は間違えてスライドや付箋をまるごと消してしまうというトラブルが続出する。これも慣れで、そのうちそういったトラブルはなくなっていく。

しかし、やっぱりそういった「消してしまう」というトラブルはちょこちょこ起こる。そこで我がクラスで自然発生的に生まれたルールがこちらだ。

「みんな！　コマンドゼット！」

まるでどこかの戦隊モノのようだが非常に大切な声かけだ。要するに、もし消えたことがわかったら、一旦クラス全員でcmd ＋Zの「戻す」のショートカットを実行（Chromebookなら Ctrl＋Z）することで復元させようというものだ。

ここに新たな令和の学校のきまり「消えたらみんなでコマンドゼット」が登場したわけだ。このルールを事前に周知しておくと安心だ。

教育用デジタル掲示板Padlet

――デジタルで発表の民主化を

Padletとは教育用掲示板にカテゴライズされるアプリだ。教育現場で活用することに特化されており、学校現場で使うにあたって痒い所にしっかり手が届くようにデザインされている。ブラウザでも問題なく動く。また、共同編集ではなく、あくまでも掲示板なので、運用の難易度が低く、低学年でも使いやすいことが特徴に挙げられる。

Padletを始めよう

まずはPadletのアプリをダウンロードするか、ブラウザからPadletへアクセスしてログインする。はじめにすることはボードの新規作成だ。Padletには7種類のボード（ウォール、ストリーム、ストーリーボード、シェルフ、マップ、キャンバス、タイムライン）があり、学習活動に応じて適切なものを選択する。

ここではもっとも基本となるウォールのボードをもとにはじめにすることを説明する。

①タイトルを決定し、イメージに合った壁紙にすると雰囲気アップ。

②オススメ設定は作成者、コメント、リアクションいいね。これでシェアした成果物にいいねやコメントができる。

たったこれだけでOK！　このボードのリンクを送ったりテレビにQRを表示させたりして、子どもたちをこのボードに呼び寄せよう。

ウォール	コンテンツをブロック形式のレイアウトにまとめるようなパターンのもの。
ストリーム	Facebook などのように上から下にコンテンツが流れていくようなレイアウトでコンテンツを読みやすく整理してくれるパターン。
ストーリーボード	コンテンツをボックス型に一列に整理するようなパターン。
シェルフ	連なった列にコンテンツを追加してくことができるパターン。
マップ	マップ上の地点にコンテンツを追加できるもの。
キャンバス	コンテンツをランダムに並べたり、まとめたり、連結させたりと自由自在に配置できるパターン。
タイムライン	コンテンツを横線に沿って配置するパターン。

活用例1　使用ボード：ウォール「学習交流で相互評価」

漢字学習のノートを朝イチにPadletにシェアして交流する時間をとる。子どもも指導者もノートを見てコメントやいいねを送る。旧来なら子どもと指導者の間のみでのやりとりが多かったノート指導。これに子どもたちの相互評価が加わることでモチベーションもアップにつながる。また、当然ながら子どもたち同士で学び合うので、よい勉強法がブームになることも。そして苦手意識のあった子どもに「頑張っているね！」と励ますといったシーンもよく見られた。学級経営の視点からも大きな意味を持つと感じる。

活用例2　使用ボード：シェルフ　社会「命とくらしを支える水」

Padletは同期型の一斉授業でも使える汎用性の高さがセールスポイント。社会科「命とくらしを支える水」では、このように毎時間はじめに資料を提示して問いを出し合うことからスタートした。写真や動画やグラフ、またリンクを送ることもできる。単元を通して学び

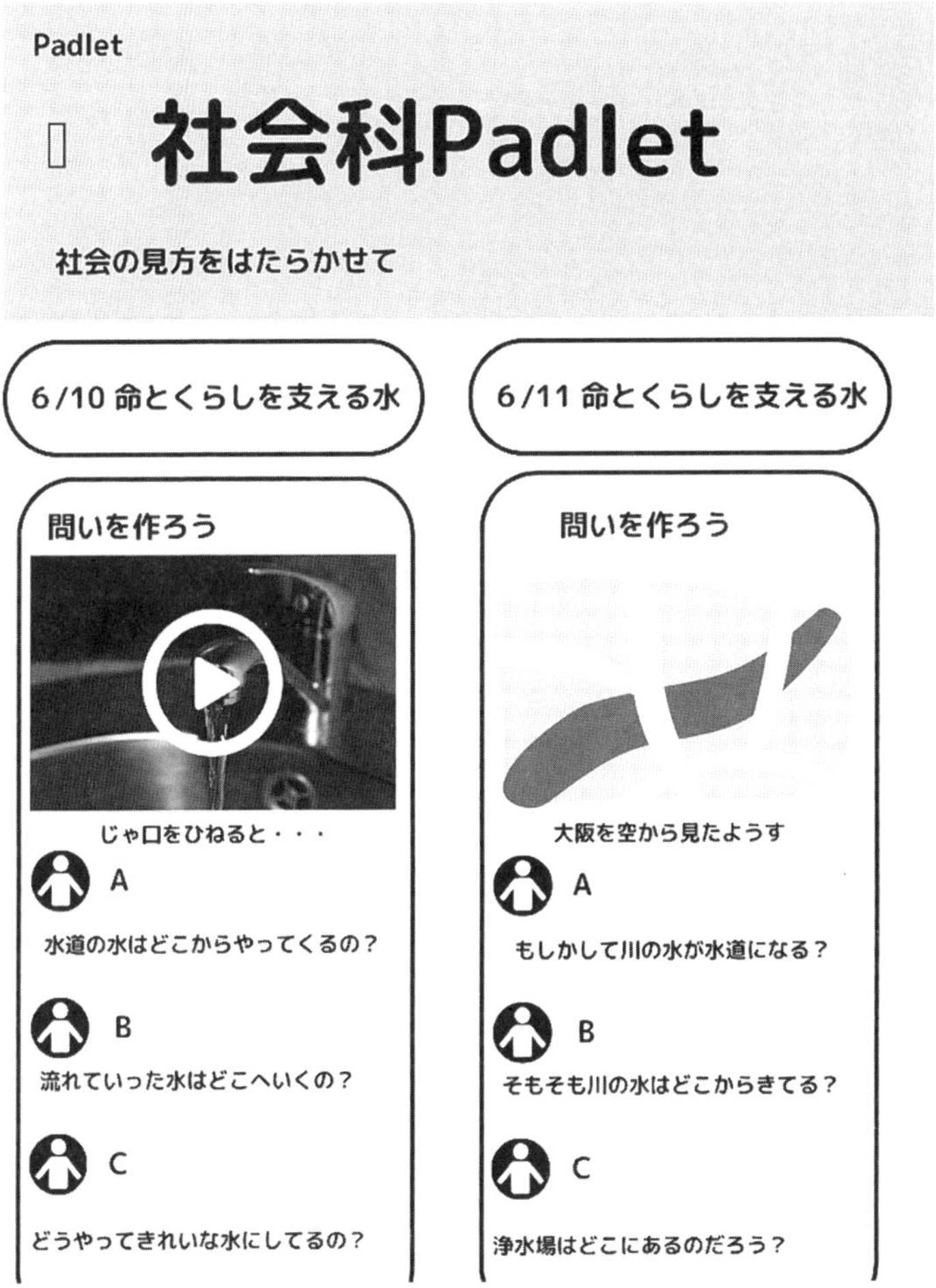
Padlet
社会科Padlet
社会の見方をはたらかせて
6/10 命とくらしを支える水
問いを作ろう
じゃ口をひねると・・・
A
水道の水はどこからやってくるの？
B
流れていった水はどこへいくの？
C
どうやってきれいな水にしてるの？
6/11 命とくらしを支える水
問いを作ろう
大阪を空から見たようす
A
もしかして川の水が水道になる？
B
そもそも川の水はどこからきてる？
C
浄水場はどこにあるのだろう？

Padlet なら社会科の単元全体の学びの足跡が残せる

(画像は画面のイメージ図です)

の足跡が残るのがよい点だ。Padletの掲示板は、黒板と違って消えないのだ。

活用例3　使用ボード：マップ
国語「都道府県の特色を表現する文章を書こう」

次はマップというとんでもなく便利なボードの活用例だ。

このマップボードの最大の特徴は成果物をGoogleマップの位置情報に紐づけることができるという点にある。

この授業では都道府県の名前とその特色を交えた文章をノートに書き、位置情報を打ちこんでシェアするという課題を出した。高知県を紐づけてシェアすると次頁の図のように高知県にピンが刺さるぜよ。

また京都府といった広い地域から、「金閣寺」といったピンポイントな建築物レベルでの紐づけも可能どす。

たとえば、低学年なら校区探検で撮った写真にタッチペンで気づきを書いてシェアしたり、高学年なら歴史で学んだ古墳や戦いといったさまざまな事象をマップにシェアしたりすることもできる。

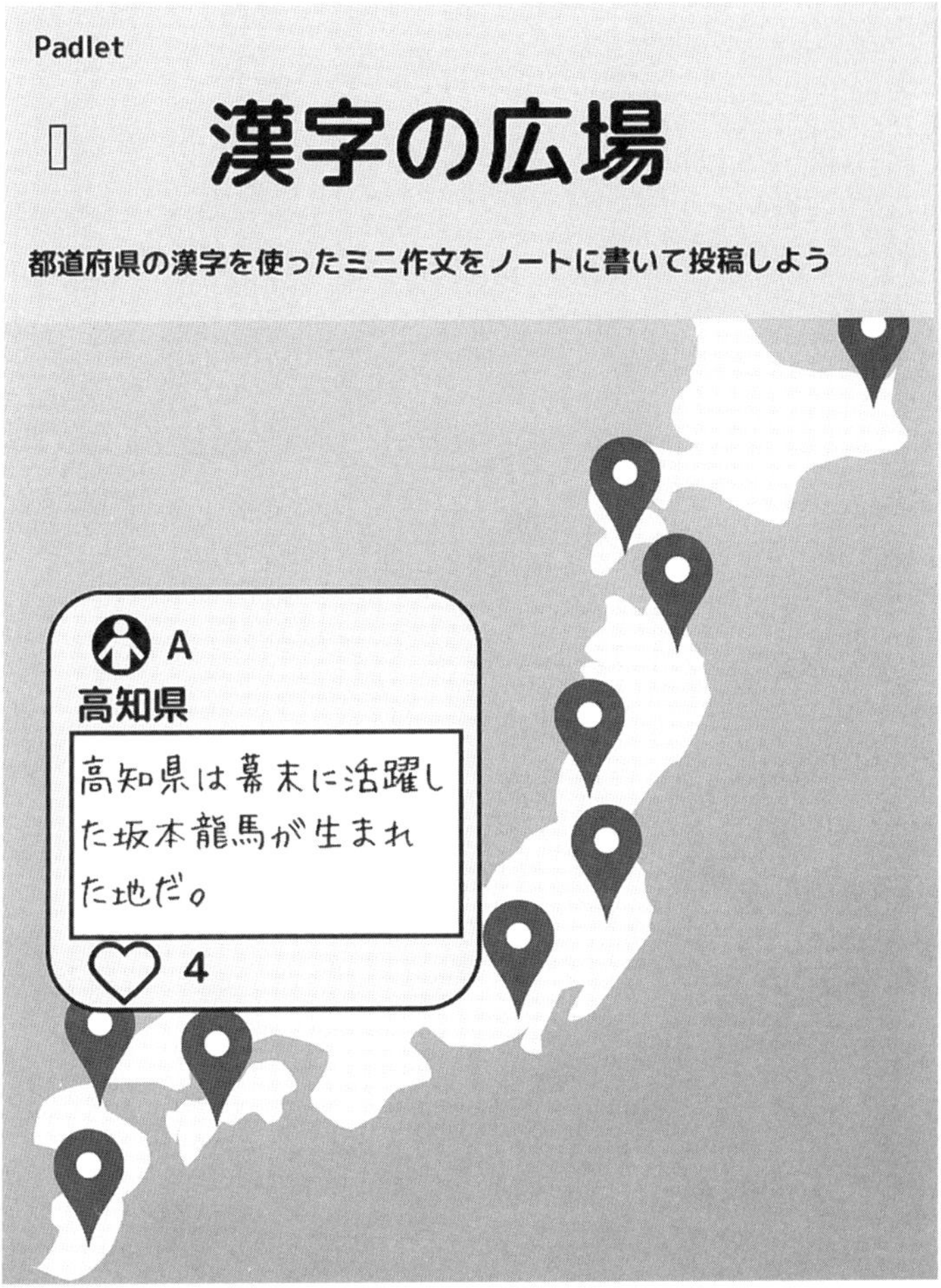

Google Maps と連動する「マップ」のボードは汎用性が抜群！

(画像は画面のイメージ図です)

Padletで教室を外の世界へ接続していく

さて、Padletでできるさまざまなことについてお伝えしてきたが、Padletの最大ストロングポイントは教室を外の世界に接続していくことにある。

ＩＣＴはInformation and Communication Technologyの頭文字を取ったものだ。本質はテクノロジーにより学びのコミュニケーションを拡張していくことにある。要するに、自分の教室だけではなく、学校中、市町村中、そして日本や世界の教室へとつなげていくこともできるのだ。

Padletのボードのリンクをコピーというワンタップの作業をし、ほかの教員の端末に送るだけで、距離を無効化し教室を接続することができる。

そうすることで、出会ったことのない遠い地にいる人とつながり学び合うことができる。詳しくは６章のプロジェクト学習でお伝えするが、Padletが秘める可能性は無限大だ。

教育用クイズアプリKahoot!

――教室をクイズ番組のスタジオへ

本書の冒頭で熱く語ったKahoot!という教育用クイズアプリ。この運用について詳しく解説していく。

基本的な流れとしてはホストであるクイズ出題者はクイズ画面を大型テレビにミラーリング、参加者は大型テレビに映されたQRコードを読みこんでニックネームを打ちこむ。あとは手元のタブレットの4択で解答していきポイントを競い合う。なるべく早く答える方が点数がアップするというゲーム的な要素が子どもたちを夢中にさせる。

Kahoot!はただクイズに答えるだけではなく、本格的なアニメーション、BGM、ランキング発表などの子どものワクワクを刺激する演出面が非常に秀逸だ。また子どもが間違った問題を自分でやり直す仕組みや、指導者側が形成的評価を取れるシステムなど、教育的にもかなりデザインされたアプリといえる。

またアプリを入れていなくてもブラウザでしっかり動き、MicrosoftやGoogleなどのアカウントがあれば誰でもすぐに利用できるのもKahoot!のストロングポイントだ。

▽Kahoot!のモード解説

Kahoot!にはいくつかのモードがあり、それを紹介したい。

クラシックモード、チームモードは同期型での早押しクイズ番組方式。もっともベーシックなモードで一問ずつ出題される。一問ずつランキング発表され盛り上がる。しかし、早く答えた子どもは待ち時間が出てテンポが悪くなることがネック。

カラーキングダムモード、トレジャーモード、サブマリンモードは非同期での対戦ゲーム方式。自分のペースでドンドン問題を解いていき、一定数正解すると自分のチームの色の旗を置いていき、陣地を広げていくゲーム性が子どもを夢中にさせる。同期型のクラシックモー

モード	特徴
クラシック	個別でのクイズ番組方式
チーム	チームでのクイズ番組方式
カラーキングダム	非同期型でのチーム対抗
トレジャー	非同期型での個人戦
サブマリン	非同期型でのクラス一丸

Kahoot! のモードについて

※このほか新しくトールタワーモードが追加された。チームで協力して高いタワーを建てるゲーム方式。下の QR コードでトールタワーモードを使った慣用句の学習の様子が見られる。

ドと違い、待ち時間がゼロなので学習効率が非常によい。

▽STEP 1　既存のクイズを出す

もっとも簡単な方法は、指導者がKahoot!のホーム画面の「発見」からキーワードや学年を打ちこむことで、それに対応したクイズを実施する形だ。

クイズを選んで開始をタップするとQRコードが表示される。子どもたちは、大型テレビに映されたそのQRコードを読みこむことで、クイズに参加することができる。ログインなどは必要ないので非常にカジュアルにスタートすることが可能だ。

▽STEP 2　指導者がクイズを作る

指導者がクイズを作ることももちろんできる。問題を打ちこみ、選択肢を作り、正答を選ぶだけなので直感的で簡単だ。ただ、30問とかの問題を作ろうとするとかなり面倒…。

アプリやブラウザから直接作るの面倒くさいぜ問題を解決するのが、Kahoot!から提供されているテンプレ（Excel、スプレッドシート、Numbers）で作問しアップロードする方法。コピペなどがしやすいので圧倒的に早い。少しわかりづらいが、問題を追加↓スプレッドシートをインポートへ行くと、テンプレがダウンロードできたり、テンプレからインポートできたりする。

▽STEP 3　子どもがクイズを作る

Kahoot!の本質は、子どもがクリエイティビティーを働かせ、クイズを作り、そして子どもたち同士でクイズを出し合うことにある。

たとえば国語で慣用句、算数で計算問題、理科で星の名前、社会で地図記号など、自分たちが得た知識や、身につけた技能を元に作問するという活動、そしてそれを説き合うという知の往復運動は極めて合理的だと感じる。

Formsで問題を送信

ただし、Kahoot!ではアプリ上で直接共同編集をすることができない。そのためFormsを活用して問題を作ることをしている。

▽STEP 4　ドリルや宿題として使う

学習モードでは子どもたちが自分のペースで学習することができる。

フラッシュカードでは単語帳感覚で何度も見て覚える形で、練習ではクイズ形式で一人で黙々と答えていく形で、学習できる。またシングルプレイヤーモードを選択すると、架空の友達と対戦することも可能だ。

そして、クイズをクラスの子どもに割り当てることで、その問題を宿題にすることもできる。クラス内での自分のランキングなどもわかるようになる。よくあるパズルゲームでの全国ランキングみたいなイメージだ。

▽終わりに　#Kahoot JPで全国の学校にシェアしよう

長々とKahoot!について書いたが、これ、いろんな先生がどんどん問題を作ってシェアすることが非常に重要だ。正直、Kahoot!ほど子どもたちを熱中させるアプリはない。授業が楽しくなるし、不登校なんかも減るかもしれない。いや非同期だから不登校の子も家から参加できるという側面もある。

そこで#Kahoot JPというタグで、日本の学校向けの問題をSNS上にシェアしてみんなでプレーできるような呼びかけをしている。これがどんどん広がって行けば、確実に子どもも教師もハッピーな世界になるはずだ。

問題を作ったら、#Kahoot JPでぜひシェアしてみてほしい。

教育用SNS Flip

——音声や映像で表現を

Flip（旧称：Flipgrid）はMicrosoftのアプリで、教育用SNSという位置づけだ。自撮りでの映像や音声をクラス専用ルームにアップし、お互いに見合ったり（相互参照）、コメントやステッカーなどでお互いに評価（相互評価）したりすることができる。Flipの最大の強みは「**タイピングに依存しないこと**」にあると考える。すなわち、まだタイピングができないような低学年の子どもでもアウトプットできる数少ないアプリだといえる。

また、Flipは**オモチャ感**が強く、慣れれば低学年でも遊び感覚で表現できるようになる。好きなキャラクターなどが自由に使えるのでモチベーションもアップだ。

そしてFlip単独で撮影、投稿、視聴までできる**独立性**も強みだといえる。あっちゃこっちゃのアプリを触らないといけないような煩雑さがない点もナイスだ。

▽①教師がすること

まずはじめにFlipでクラスのルームを作り、そのリンクを子どもたちに送る。

Flipは全部英語なので、僕のような英語オンチに優しくないのだが、とりあえず**「ピンク色のボタンが次へ進む系」**と、覚えておくとOKだ。

そして＋Topicで課題を出す。その際、Detailのところに課題の詳細や評価基準などを明記すると子どもと共有できるのでぜひ入力を。また教師が見本の動画を撮影して表示させることも可能だ。

なお、提出する動画は15秒〜10分の間で制限時間を設定することができる。

あえて短い時間を設定することで、要点をまと

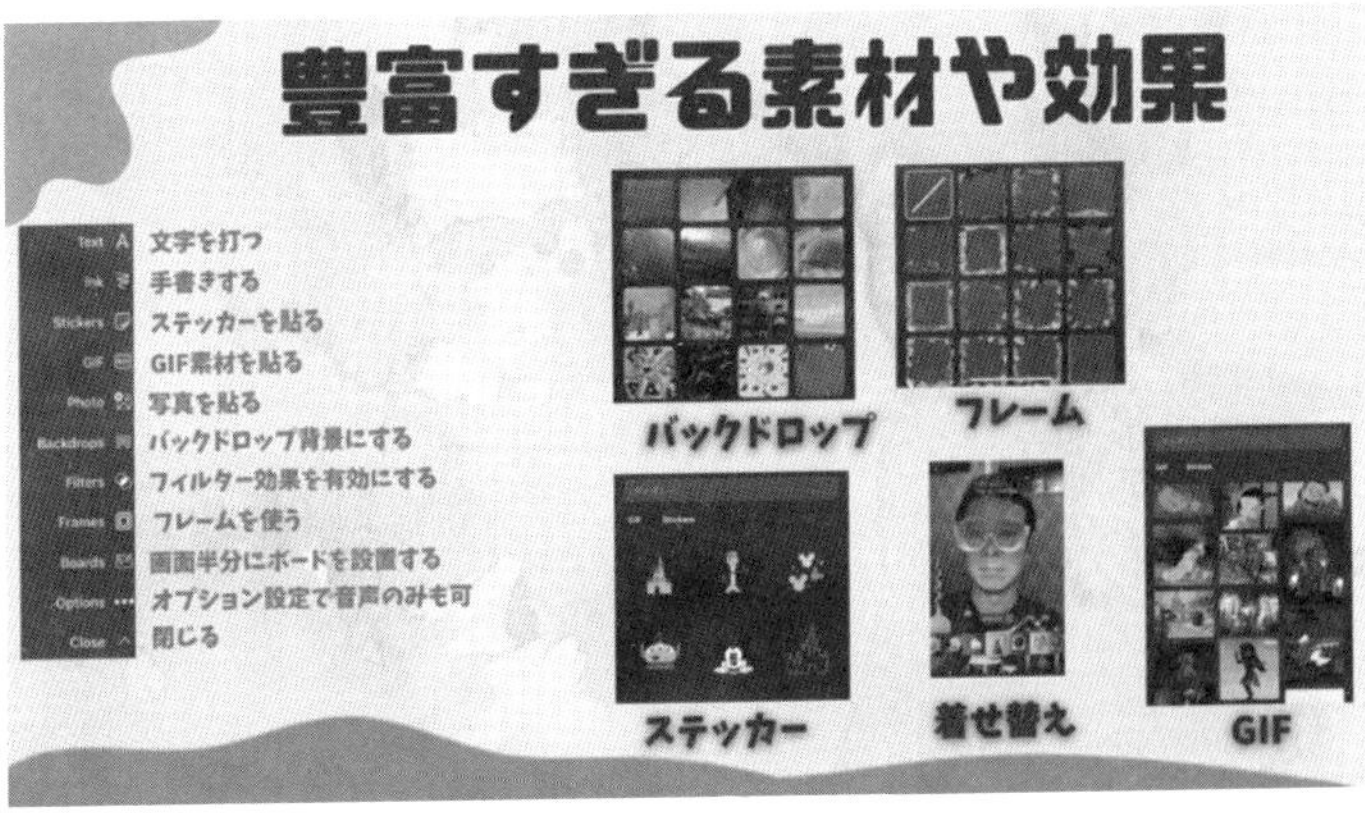

Flipで使える素材や効果は多彩！

めて表現する力にもつながるだろう。

▽②子どもたちがすること

子どもたちは、教師から送られてきたリンクをタップすればJoin完了。Topicを選び、ピンク色のAdd Responseをタップし投稿していく。

まずは、簡単な自己紹介で練習してみよう。

Flipを触り始めると、その豊富すぎる素材や効果に驚かされる。

自己紹介で「僕はマイクラが好きです」と話すならマイクラの背景にしたり、「私はディズニーが大好きです」と

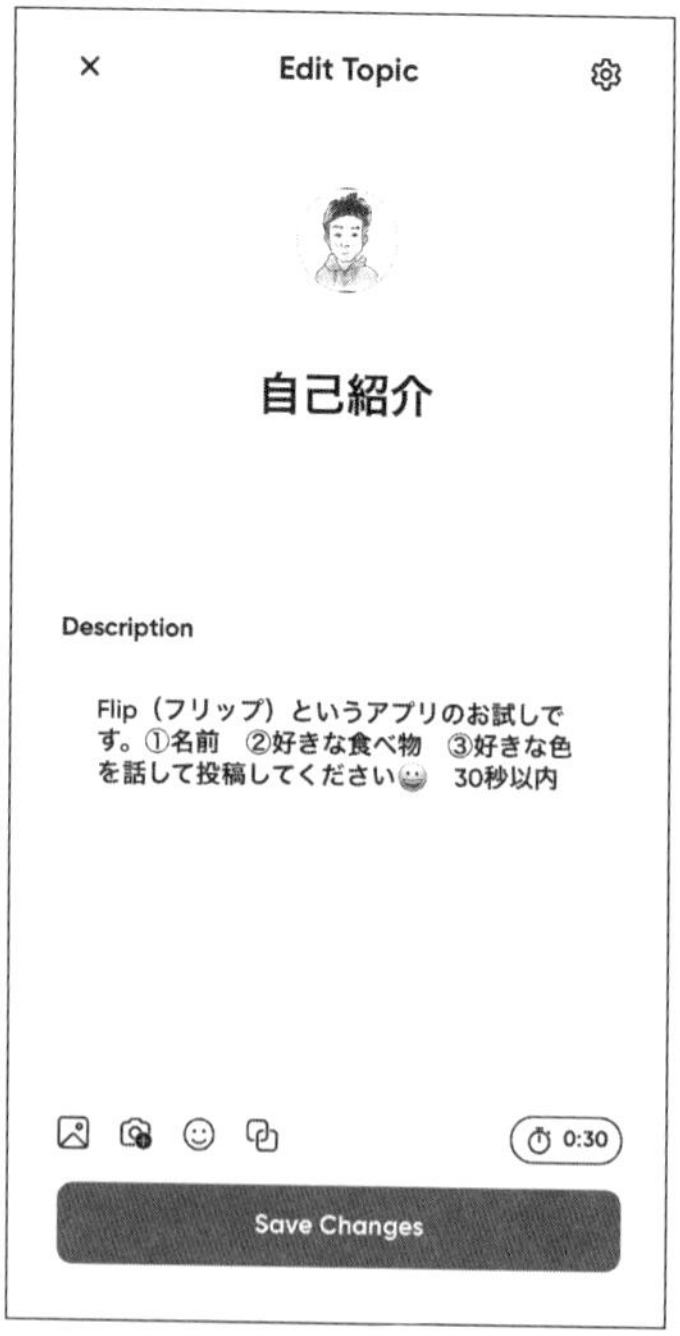
Edit Topic
自己紹介
Description
Flip（フリップ）というアプリのお試しです。①名前　②好きな食べ物　③好きな色を話して投稿してください　30秒以内
0:30
Save Changes

課題の詳細をシェア

話すならステッカーでミッキーのアニメーションを横に載せることができる。

ただ話すだけよりも遥かに楽しい。

なお、録画後にBGMを選んで流すこともできる。ジャンルごとにさまざまな曲が用意されているので、表現したい内容にあったBGMをつけることで雰囲気がグッとよくなる。

またoptionからnotesを選ぶと、カンペを画面上に表示させることができる。上が教師がトピックを立てたときの課題内容（カンペ）、下が自分で打ちこむメモになっている親切仕様。もちろん、録画するときにはこのカンペは映らない。

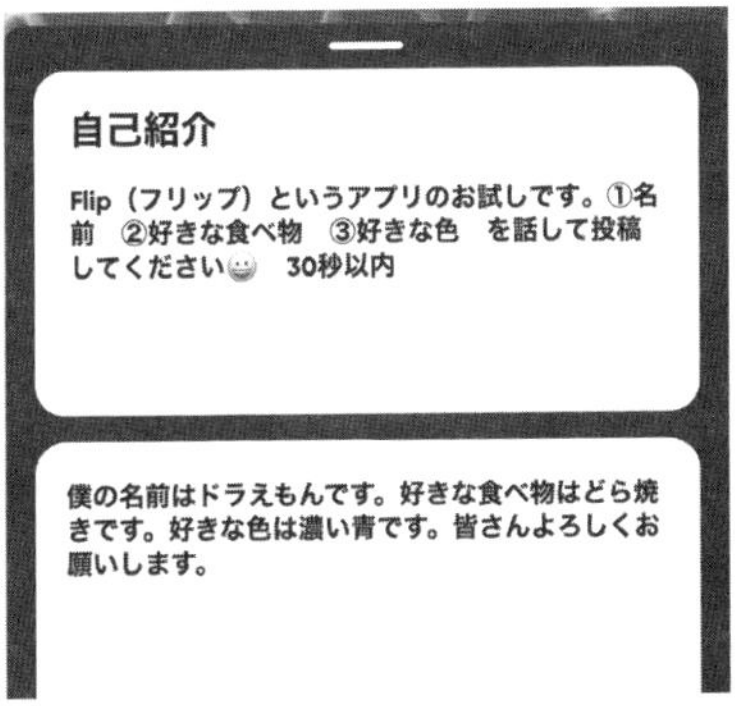
自己紹介
Flip（フリップ）というアプリのお試しです。①名前　②好きな食べ物　③好きな色　を話して投稿してください　30秒以内
僕の名前はドラえもんです。好きな食べ物はどら焼きです。好きな色は濃い青です。皆さんよろしくお願いします。

option → notes でカンペを表現

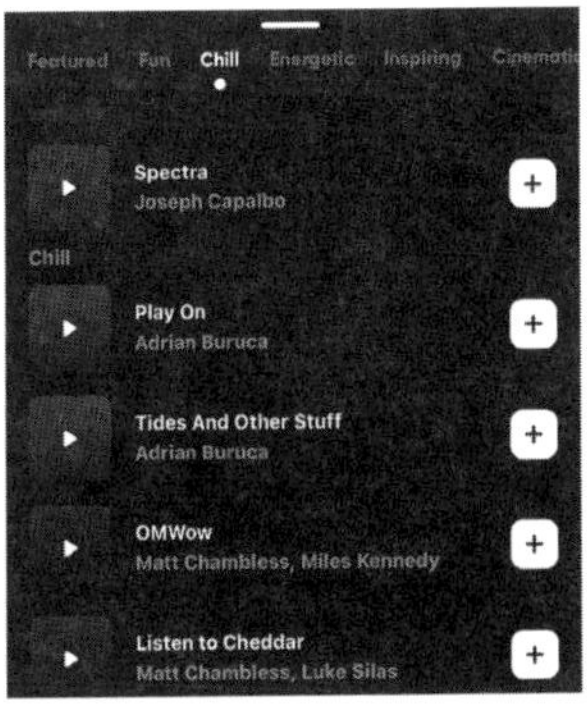
Featured
Fun
Chill
Energetic
Inspiring
Spectra
Joseph Capalbo
Chill
Play On
Adrian Buruca
Tides And Other Stuff
Adrian Buruca
OMWow
Matt Chambless, Miles Kennedy
Listen to Cheddar
Matt Chambless, Luke Silas

BGM をつけると雰囲気アップ！

▽③評価する

評価というと固く感じるが、要するに子ども同士で見合ってコメントを送るといった相互評価がすぐにできるのがこのFlipの強みだ。

Add a comment…の**文字部分をタップするとテキスト**で、**ビデオのアイコン部分をタップすると自撮りの動画としてコメント**を送ることができる。これなら低学年でもコメントを送り合える。

教師が評価をするために動画を視聴する際にはPlayback speedを選択すると×0・75〜×2・0の範囲で再生スピードを変えることができる。

▽④授業での活用例

面積の学習のパフォーマンス課題として、変わった形の図形を自分で作り、その解き方を解説するというもの。友達の出した問題を見て答えを考えて解いてみるという活動につながる。レポートのような形をとるとどうしても時間がかかる。しかし、音声で表現となると作業時間が短縮される。その結果、持続可能なパフォーマンス課題の設定となる。

▽⑤ARで掲示や配付をする

FlipにはAR（拡張現実）でのQRコードを出力するという魔法のような機能（教師機によるブラウザのみ）がある。ARって何かというとあれだ、ポケモンGOだ。要するに現実世界にピカチュウがいるようなあれだ。**Flip**専用のQRを**Flip**のアプリ経由でスキャンすると、なんとARで動画が再生できる。そのまま掲示物や学級通信に載せるといった活用法が挙げられる。

たとえば、図工の絵を描き、その下に名札を貼る。名札の端にスペースを空けておき、QRを貼る。すると、子

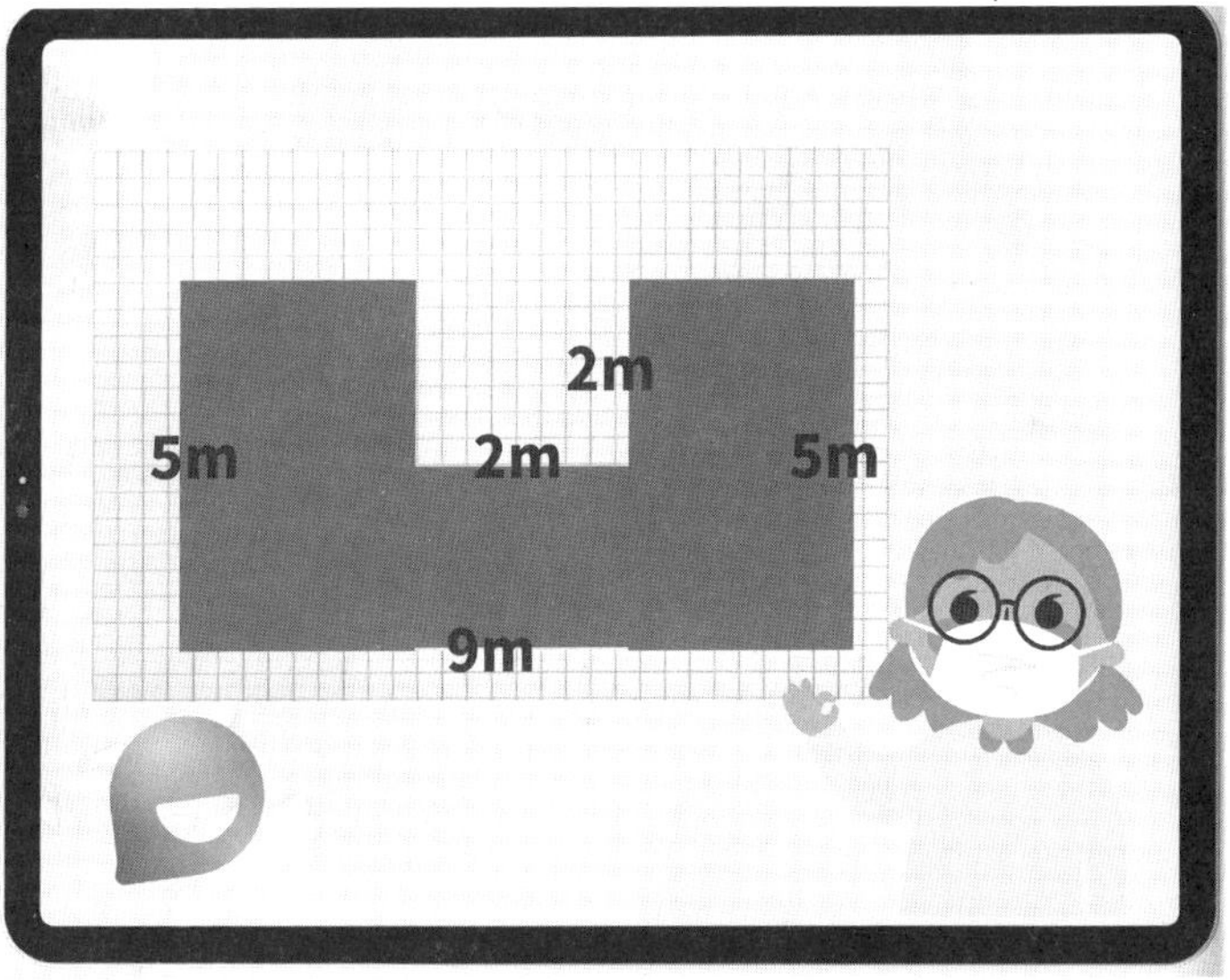

面積の作問をし、解説する

どもたちが実際に描いた絵の横に、その子どもが作品の見どころを動画で紹介するという仕組みができる。

Flipの強み

①タイピングに依存しない
②おもちゃ感が強く子どもを引き込みやすい
③アプリ単独で全てが完結する
④ARの掲示ができる

とくに低学年の先生、ぜひチャレンジしてみてほしい。

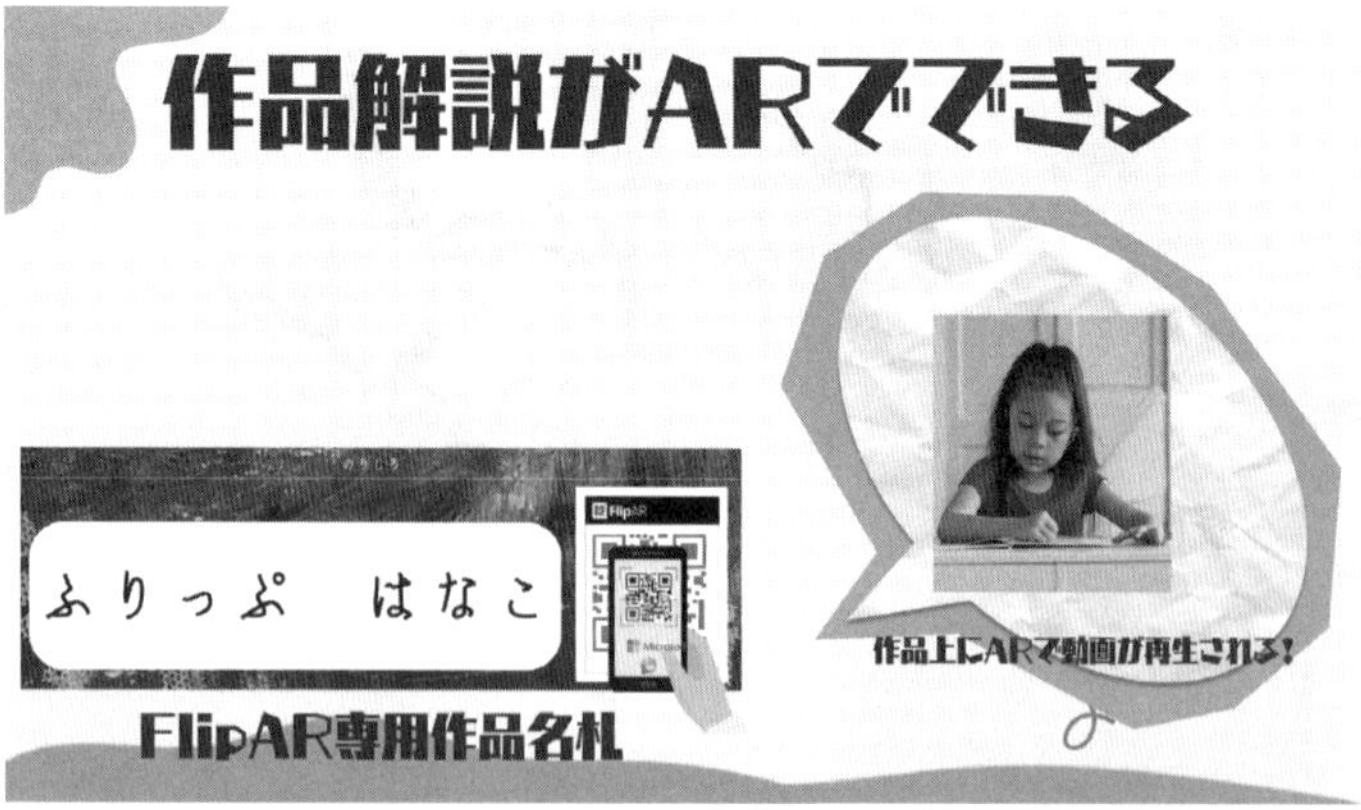

図工作品の見どころを本人が解説する動画をQRで紹介

4章

タブレット×クラウド時代の授業アイデア

wheels for the mind
——知の自転車により、創造性を拡張させる

これは1980年代に、Appleがマッキントッシュを世にリリースしたときのキャッチコピーだ。知の自転車と日本語に訳すことができる。

A地点からB地点へ移動するという目的を達成するにあたり、我々ヒトは非効率な生物だった。しかし、自転車に跨りペダルを漕ぎ出せば、ひとたびその移動効率は、コンドルを抜き（ジョブズの言うコンドルが移動効率がトップじゃないという諸説はさておき）地球上で最高の生物になるそうだ。

ヒトの身体性を拡張させる自転車をメタファとし、今度は創造性を拡張させる存在としてマッキントッシュを世に出した訳だ。そんな「知の自転車」が世に出て半世紀近くが経ち、ついに日本の子どもたちにもそのペダルを心置きなく漕ぐことができる状態がGIGAスクール構想により実現した。

タブレット導入期のマインドセット
――デジタルどろんこ期

自転車と徒歩、移動速度が速いのはどちらか。これは言うまでもなく自転車だ。しかし、誰しもはじめから乗れた訳ではなく、小さい頃に、何度もこけて、どろんこになって練習を繰り返すうちに乗れるようになったはず。では、このどろんこ期はどうだろうか。当然ながら徒歩の方が速い。もし、そのタイミングで自転車に乗ることをあきらめてしまったらどうなるだろう。そうすると一生自転車という徒歩を圧倒的に凌駕する移動手段を得ることができないことになる。これはナンセンスだ。この具体はタブレット導入期にも完全にあてはまる。

たとえば簡単な文章を打つ活動でも、はじめはタイピングがおぼつかないため、普通にノートに書く方が速いという状態に陥る。これは当然のことだ。しかし、このデジタルどろんこ期は絶対に必要なステージであり、ここで「これなら手書きの方が速い」と短絡的になってやめてしまうとどうなるか。そう、タブレットという自転車に乗れないままになってしまう。非常に残念なことだが、このケースは少なくない。そして結局タブレットは保管庫に死蔵される運命に。

はじめのうちはたとえ授業が遅れたとしても、デジタルどろんこ期に粘り強く子どもたちにタブレットを使って活動させることをあきらめてはいけない。何度も転んで起き上がる経験を経て、次第に子どもたちはデジタルの足腰が強くなり、自分で走り出せるようになってくるものだ。

黒板とノートとタブレットの使い分けの基本

ここからはタブレットを使った授業の在り方と具体について考える。

黒板とタブレットをどう使い分けるのかという問題。これは自分なりに出した結論だが、**知識・技能をしっかりと習得させたい内容は手書き**で、それを使って**表現する際にはタブレット**でというスタイルだ。

具体的な例として4年生国語「つなぎ言葉のはたらきを知ろう」での授業をピックアップする。

この単元では、その名のとおりつなぎ言葉（接続語）の働きを知ること（知識・技能）が1つ目のゴールだ。そして、そのつなぎ言葉を使って自分で文章を書けるようになること（思考・判断・表現）が2つ目のゴールとなる。

よって、この単元では知識・技能でのフェーズでは黒板とノートを使って学習し、思考・判断・表現のフェーズではタブレットを使って学習した。

▽知識・技能↓黒板とノート

授業の前半では、だから（順接）、しかし（逆接）の働きについてみんなで考え黒板のとおりノートに書き残した。やはり、**紙と鉛筆でスローなインプットをすることは知識を定着させるにあたり効果的だと考える。**自分自身、新しく何かをインプットして学ぶ際にはiPadとApple Pencilで手書きをする。スピーディーなタイピングではやはり頭に残りづらい。

既に定着した知識をタイピングでアウトプットすることは効果的だが、知識を定着させる段階では手書きに優位性があると感じる。

▽思考・判断・表現↓タブレット

授業の後半では、前半で学んだ知識をもとに、実際にアウトプットしていく。

ここでのゴールは、つなぎ言葉を使って、文章を表現することにあるのでタブレットへ移行する。

Padletでシェルフを作り、その下に子どもたちは文章を作って投稿していく。それを電子黒板で見えるようにする。

このフェーズでノートに手書きをしていると2つのデメリットが生じる。

1つ目のデメリットは、アウトプットのスピードが落ちること。これはタイピングのスピードが一定に達していることが前提になるが、やはりタイピングの方がアウトプット量が圧倒的に増える。

2つ目のデメリットが、成果物を共有しづらいということ。いままでの一斉授業なら、積極的な子どもを指名し、発表させ、それを黒板に

授業の前半はノートに手書きでゆっくりインプット
後半はPadletにタイピングで大量にアウトプット

書くといったパターンが多かった。しかし、これでは授業全体のスピードがスローダウンし共有する時間が取れない。また一部の積極的な子どもにのみスポットライトが当たりがちだ。

しかしPadletなどで全員が同時に書きこむ方式を取ることでアウトプット量が増える。そしていいねやコメントなどで相互評価ができるというメリットも生まれる。これは**「発表の民主化」**だ。教師によって指名された子どものみが発表を許されるという、ある意味王制的な授業から、子どもたちが自分のタイミングで自由に発表できる民主的な授業へとシフトすることができるのだ。

▽アナログ⇅デジタルの最適解

ここでは、国語の2時間配当のわかりやすい単元で紹介したが、**「重要なことは手書きでノートに」**ということの具体は他教科でももちろん適用できる。

たとえば、算数で、台形や平行四辺形といった図形の定義をまとめる際にはやはりノートに手書きすることがよいだろう。

理科で、夏の大三角形の星はベガ、デネブ、アルタイルといったことを学ぶ際にはノートに夏の大三角形を描き、それぞれの星の名前を書くことが望ましい（余談だが、この夏の大三角形を覚えるために、サル・ゴリラ・チンパンジーのメロディーでみんなで歌うと誇張なしに全員覚える。これは本書でもっとも有益な一文だ）。

このような使い分けが、タブレット使用の現時点での僕の最適解だ。

テキストでのアウトプット
——音声入力からタイピングへ

これまで手書きが99％を占めていた学校において、一人一台のタブレットによりアウトプットはその在り方が大きく変わろうとしている。単純に手書きよりもスピードが速いこと、そして修正が容易なこと、この2点におけるタイピングの有用性は明らかだ。手書き文化が大切という意見はもちろん尊重する。しかし、タイピングには計り知れないメリットがあるのでできるだけ早い段階で身につけさせることが大切だと考える。

▽タイピング入力

もっとも基本的な文字入力の方法になる。慣れれば手書きよりも圧倒的に速いため、子どもたちのアウトプット量が大きく向上する。なお、タイピングスキルはこれから九九と並ぶぐらい必須となってくる。**読み・書き・計算・タイピング**だ。これは個人的な考えになるが、

3年生でローマ字を習う関係で、それ以降にタイピングを始める傾向がある。しかし、タイピングソフトを使って遊び感覚で練習していくうちにローマ字を覚えていくという逆転の発想を持っている（我が子はこの方法で小2で覚えた）。

なお、クラス全体のタイピング力を上げるためには、やはりゲーミフィケーション化していくことだ。**キーボー島アドベンチャー**というサービスを学校全体で実装している。これはRPGゲームのようにタイピングで敵を倒していき、レベルを上げていくというものだ。子ども同士競い合ってレベルを上げていこうという雰囲気ができた。また、学校全体で取り組むことで学年ごとに目指すレベルを設定することでタイピング指導を系統立てることもできる。

なお、さまざまなタイピングゲームを試したが、初期のキーの位置を覚えるという点で**「あタイピング」**をお勧めする。ただ指定されたキーを押すだけなのだが、これがなかなかスリルがあって子どもも夢中になる。そして、定番の**寿司打**や**ポップタイピング**などでさらなる修行を積んでいく。さすれば、子どもたちはいっぱしのタイピング戦士となっていくはずだ。

▽音声入力

近年の音声入力による精度の向上は著しいものがある。いまや音声入力は十分に機能する代物だ。たとえば、桃太郎のあらすじを多少早口でしゃべっても、ほぼパーフェクトで文章に起こすことができる。改行や句読点を打ったりする作業はそれぞれ音声によって割り当てられており、それらを活用することでキーボードの操作を一切なしで、文章を書くこともできる。

また、改行作業や句読点なども音声コマンドで入力することができる。まだタイピングをできない段階の子どもにとって有用な方法だ。

音声入力コマンドの一例

- 改行　改行する
- 新しい段落
- タブキー　スペースをあける
- マル　。
- 点　、
- 開きかっこ　（
- かっこ閉じる　）
- 鍵かっこ　「
- 鍵かっこ閉じる　」
- びっくりマーク　！
- はてな　？

メディアでのアウトプット
――写真と動画をフル活用する

▽静止画

もっとも基本となるのが静止画の撮影。とくに低学年ではタイピングでのアウトプットが難しいので、写真は核となる表現ツールとなる。撮った写真にタッチペンや指で字や絵などを書きこむ方法がもっとも直感的でよい。

また中学年~高学年では撮った写真を成果物に埋めこむような使い方が多くなる。そうなると写真で溢れかえってしまう（ちなみに勤務している自治体のiPadは32ＧＢのモデルなのですぐにストレージがパンパンに）ので、クラウドに保存した上ですぐに消すといった指導も大切になってくる。

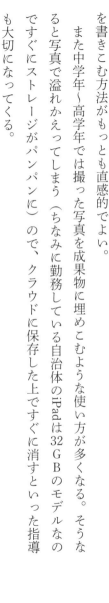

▽動画撮影

動画も非常に使用頻度の高いツールとなる。使用シーンは記録用、振り返り用、表現用に分けることができる。

記録用としては、理科の実験の場面が挙げられる。その中でも通常の動画、早送りのタイムラプス動画、スローモーションで録画するスロー動画など、目的によって使い分けるとベター。たとえば5年生理科なら、雲の動きならタイムラプス録画、流れる水の働きならスロー録画といった運用がわかりやすいイメージだ。

また、振り返り用では、体育や音楽などの実技の練習において、自分の演技や演奏を録画してチェックするといった使い方が効果的だ。プレゼン発表の練習などでも、よく活用している。

国語×ICT

▽Canvaのスライドで単元全体をデザイン

光村4年生の「プラタナスの木」という物語文を例にCanvaを使って単元全体をデザインする方法を考えたい。まずプレゼンテーションで単元全体のスライドを作る。そしてスライドの1枚目がタイトルとなり、時系列で学んだことが残っていく形だ。当然ながら黒板は毎回消すが、クラウドスライドならずっと残る。黒板や子どもたちの個々のワークシートが一つに集約されているイメージだ。

まずはじめに、物語を読んでの問いを作ることから始めた。子どもたちの問いは「おじいさんの正体」は一体何かに集中していた。ここを起点に読みを深める必然性が生まれた。

①初発の感想

国語の物語文や説明文は、はじめに初発の感想や問いを出し合うような活動が多いと思う。これまでは紙のノートにそれぞれが書き、積極的な子どもが発表する流れだったが、クラウド上に子どもたちが付箋を使って自分の意見をペタペタと貼っていくことができる。こうすることで、全員の意見が共有化される。定石どおり、必要に応じて思考ツールなどで意見を整理するのも簡単にできる。

②物語や説明文を読み進める

クラウド上のワークシートなら、グループで書きこむことができる。たとえば、場面ごとにタイトルをつけるような活動なら、班のメンバーで教科書をめくり、話し合いながら意見を表にまとめていくことができる。さらに、必要に応じて他の班の様子も見ることができるので、

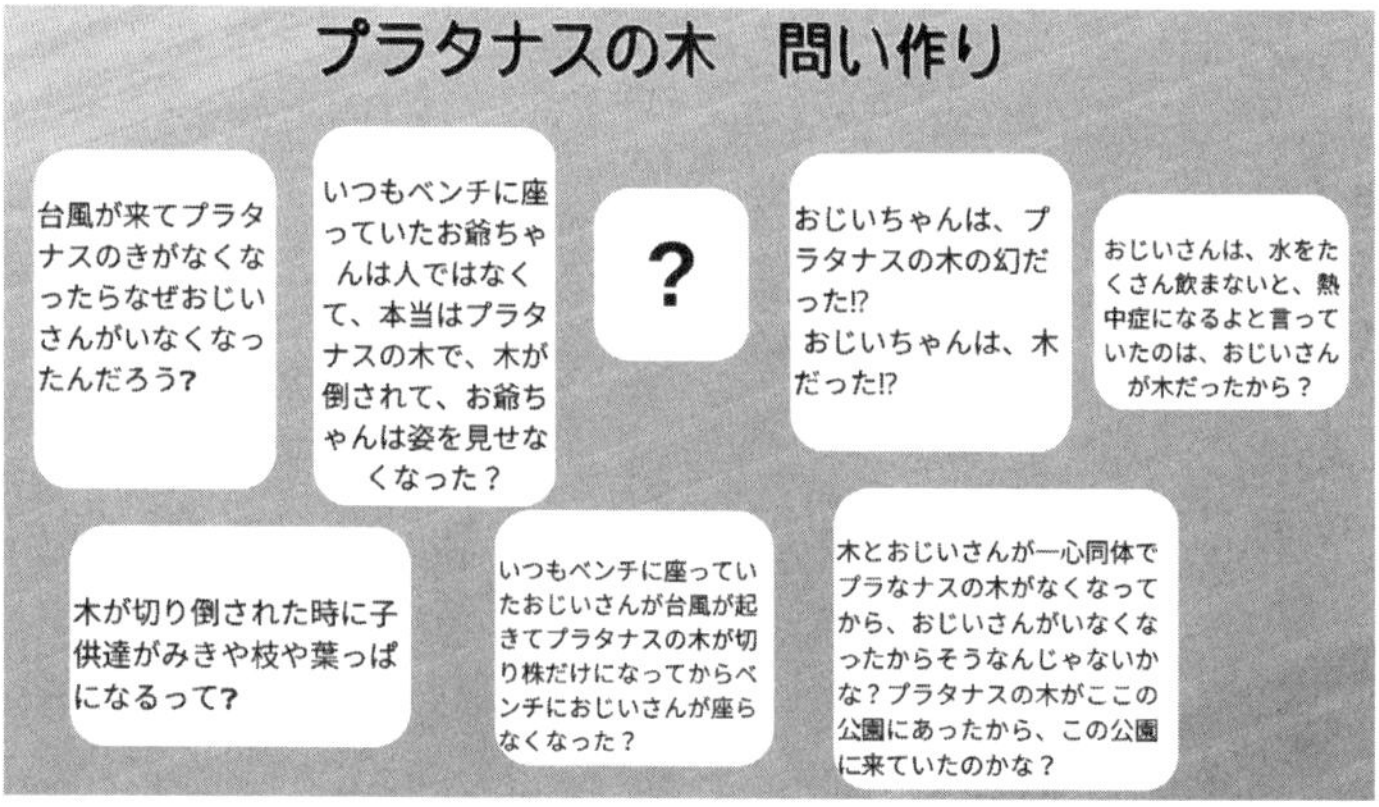
プラタナスの木　問い作り
台風が来てプラタナスのきがなくなったらなぜおじいさんがいなくなったんだろう?

いつもベンチに座っていたお爺ちゃんは人ではなくて、本当はプラタナスの木で、木が倒されて、お爺ちゃんは姿を見せなくなった？

?

おじいちゃんは、プラタナスの木の幻だった!?

おじいちゃんは、木だった!?

おじいさんは、水をたくさん飲まないと、熱中症になるよと言っていたのは、おじいさんが木だったから？

木が切り倒された時に子供達がみきや枝や葉っぱになるって?

いつもベンチに座っていたおじいさんが台風が起きてプラタナスの木が切り株だけになってからベンチにおじいさんが座らなくなった？

木とおじいさんが一心同体でプラなナスの木がなくなってから、おじいさんがいなくなったからそうなんじゃないかな？プラタナスの木がここの公園にあったから、この公園に来ていたのかな？

より学び合いやすい環境となる。

③表現活動

単元の最後に、学んだことを活かして、一人1枚のスライドを使って本を紹介する文章を書く活動をした。下にあるのがその一例で、「わすれられないおくりもの」の紹介である。Canvaには**コメント機能**というも

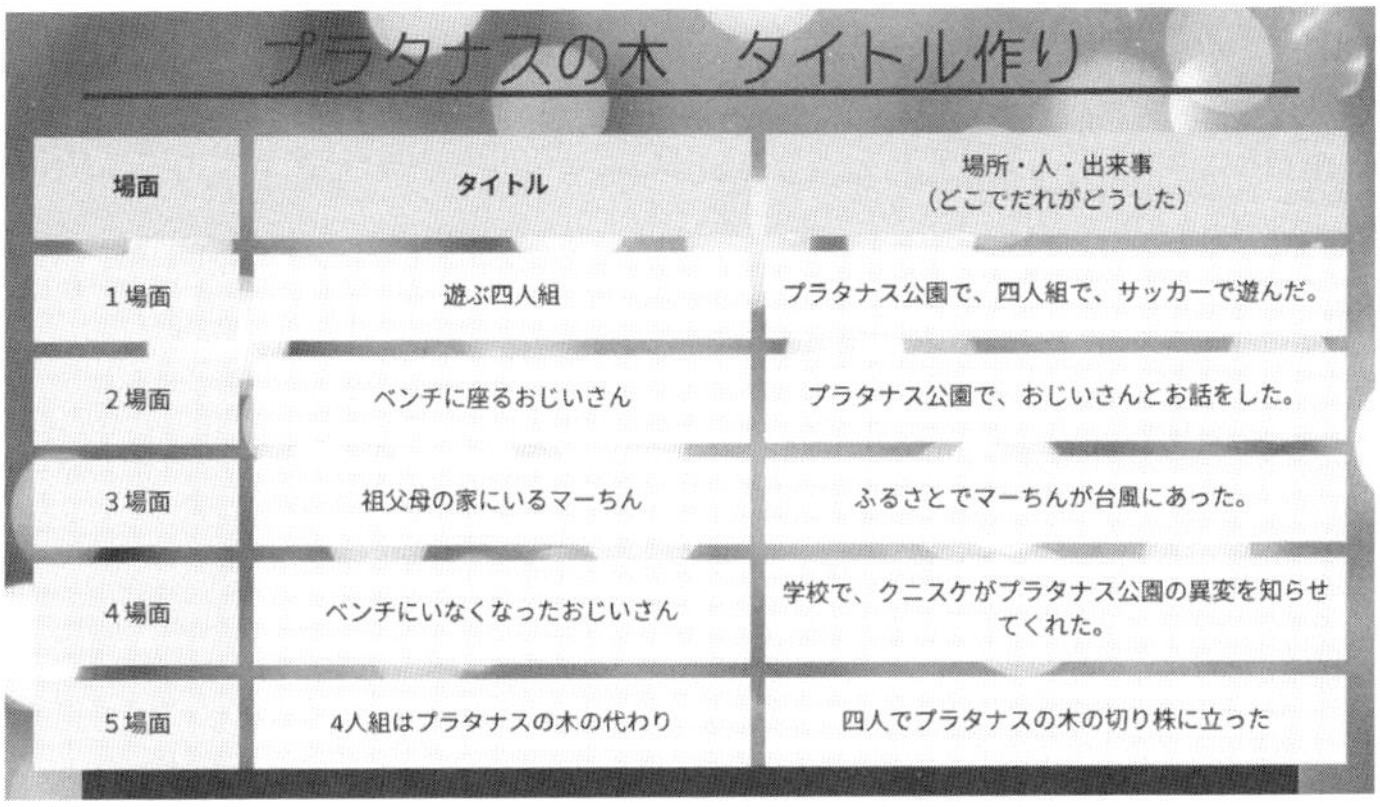

プラタナスの木　タイトル作り

場面	タイトル	場所・人・出来事（どこでだれがどうした）
1場面	遊ぶ四人組	プラタナス公園で、四人組で、サッカーで遊んだ。
2場面	ベンチに座るおじいさん	プラタナス公園で、おじいさんとお話をした。
3場面	祖父母の家にいるマーちん	ふるさとでマーちんが台風にあった。
4場面	ベンチにいなくなったおじいさん	学校で、クニスケがプラタナス公園の異変を知らせてくれた。
5場面	4人組はプラタナスの木の代わり	四人でプラタナスの木の切り株に立った

クラウドワークシートを使い、グループで共同編集して学ぶ

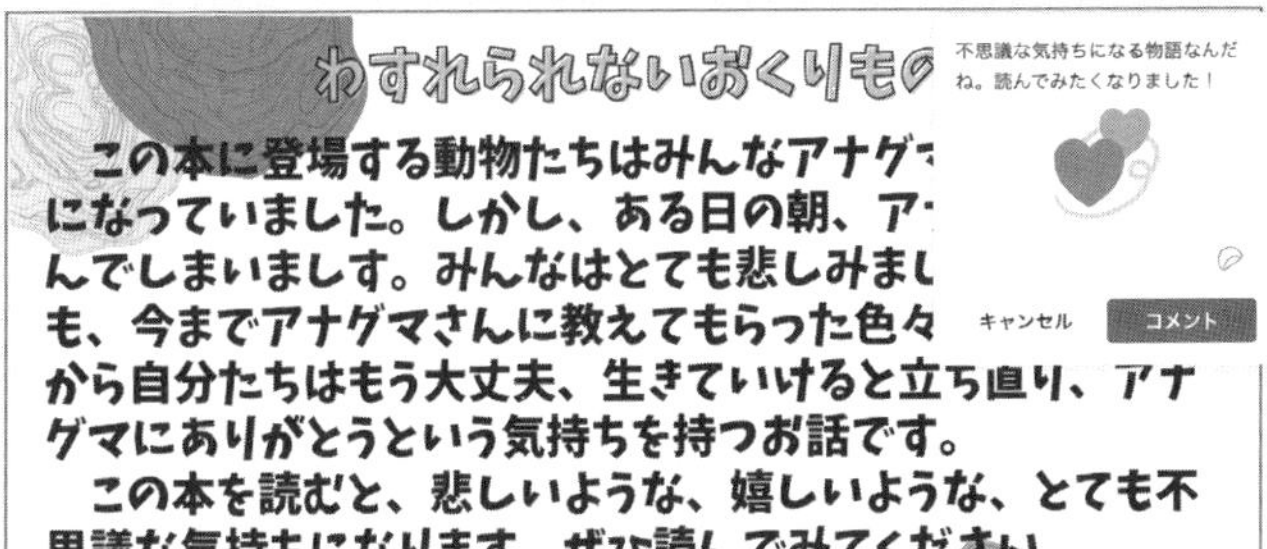
わすれられないおくりもの
この本に登場する動物たちはみんなアナグマ
になっていました。しかし、ある日の朝、ア
んでしまいましす。みんなはとても悲しみまし
も、今までアナグマさんに教えてもらった色々
から自分たちはもう大丈夫、生きていけると立ち直り、アナ
グマにありがとうという気持ちを持つお話です。
この本を読むと、悲しいような、嬉しいような、とても不
思議な気持ちになります。ぜひ読んでみてください。
不思議な気持ちになる物語なんだね。読んでみたくなりました！
キャンセル
コメント

作った成果物にコメントやスタンプで相互評価

のがあり、これにより一人一人の作品にテキストでコメントをしたり、スタンプで気持ちを伝えたりすることが可能となる。この機能を活用することで、お互いの作品にプラスのフィードバックや、よりよくするためのアドバイスを送り合うことができるのだ。

▽Flip音読

音読って、宿題で出す割にやりっぱなしになりがちだ。そこで、Flipを使って場面ごとに音読の課題を出すことにした。Flipではさまざまな素材を使うことができる。クラス全員の音読を個別で聴いて評価することが望ましいとは思うが正直、非現実的だ。しかし、Flipを使えば再生スピードを変えることもで

Frip を使って音読して、
イラストでも飾りつけした動画を提供する子も

きるので、評価もしやすい。ただ、全ての場面を評価することは大変なので、1場面のみに絞ったりした方がよい。

また、場面ごとに必要な素材を考えて配置することで、それぞれの出来事について整理できるメリットもある。たとえば先述の「プラタナスの木」という物語教材について右の写真は最後の5場面を音読している宿題の様子だが、この子は切り株やベンチなどのイラストを使ってその場面を表現している。ただただ自撮りで録画するだけよりエンタメ性が高まるので意欲も出やすい。

算数×ICT

▽Canva×Flipでパフォーマンス課題にチャレンジ

算数の図形の単元などでは、こんなパフォーマンス課題にチャレンジしてみた。Canvaで好きな図形を作ってその画像を貼り、面積の求め方を自分で説明するというものだ。算数のパフォーマンス課題というと、どうしても時間がかかる。しかし、Canvaでサクッと図形を作成し、Flipでパッと話してアウトプットという方法なら、かなり手早く活動することができる持続可能性という点においてこれは大きなメリットだ。

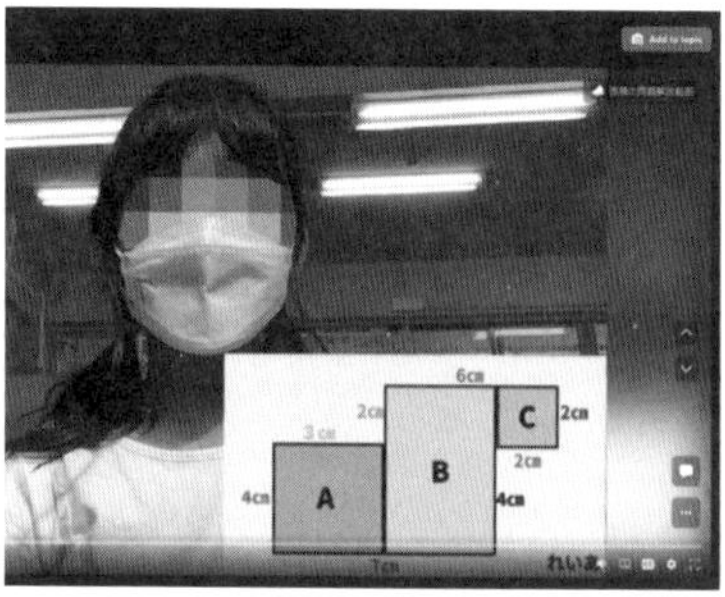

Flipで面積の求め方を
説明する課題

▽手書きの計算問題をアプリで自分でチェック

計算問題などで、ドリルアプリを活用して習熟する場面は多くなってきたのではないだろうか。しかし、一点デメリットがある。それは「私はいまAの問題が苦手だから、Aの問題の練習をしよう」と、現在の自分自身の弱みを捉え、その克服のための学習をしようとしても、それに合致した問題が出ないパターンが多いことだ。またAIが自動で苦手な問題を出してくれるサービスなら、子どもたちのメタ認知能力を高めるという視点での問題もある。

そこで役立つのが、手書きの計算問題をタブレットで撮影し丸つけや解き方を提示してくれる機能だ。Googleカメラで撮影し「宿題」のタブを選ぶ方法や、CheckMathやPhotomathといった無料アプリを使う方法がある。教科書やドリルの類題を写して練習する子、自作したメチャクチャ桁数の多い計算にあえてチャレンジする子がいたりと、自己調整を働かせて学習するには最適な方法だと考える。

▽表計算ソフトでパフォーマンス課題

高学年では平均や割合など、実生活に強く結びつく学習が増える。そこで、ただただ問題を解けるようにするのではなく、パフォーマンス課題にチャレンジしてみたい。

その際、表計算ソフト（Excel、スプレッドシート、Numbers）を使うことで、平均を自動的に算出し、グラフを生成するといったことを体験できる。はじめはフォーマットを子どもにシェアして慣れさせ、次第に自分たちで作る活動に移行する。またFormsなどを活用し児童や保護者にＩＣＴを活用したアンケートを取って数字を集めるといった活動を織り交ぜてもよい。なお、社会科で扱う各国の人口や農作物の生産量といったデータを活用

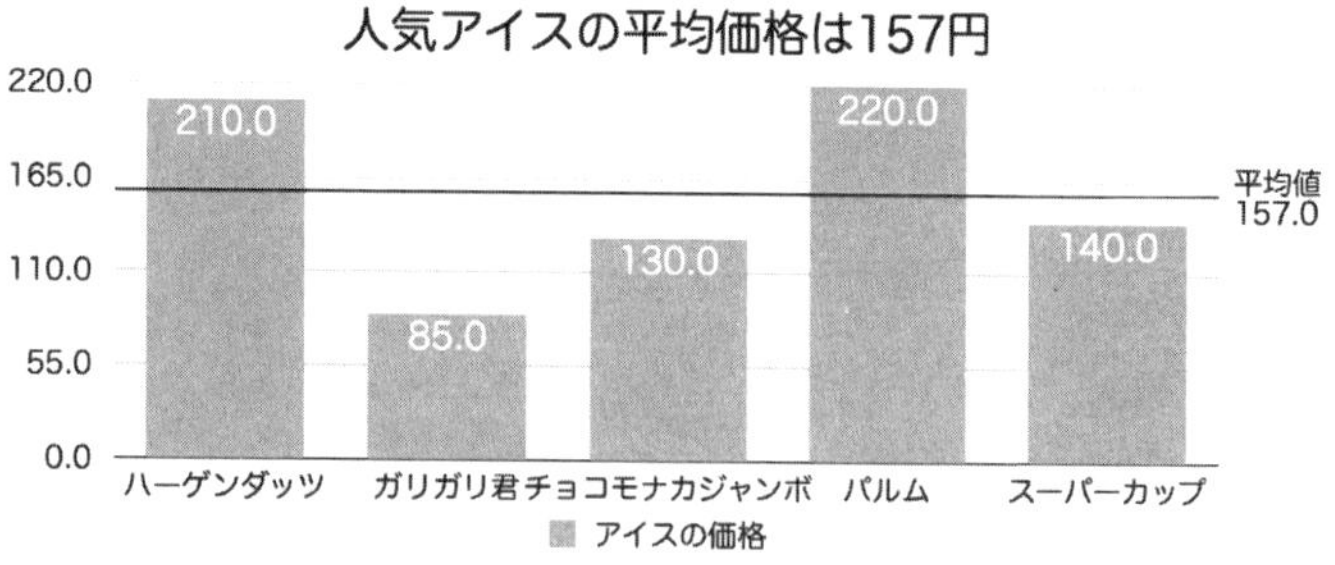

アイス名	アイスの価格
ハーゲンダッツ	210.0
ガリガリ君	85.0
チョコモナカジャンボ	130.0
パルム	220.0
スーパーカップ	140.0
平均	157.0

表計算アプリでレポート課題

するというカリマネも有効だ。

このように、手計算で技能を習得してから、表計算で表現するといったパフォーマンス課題は子どもの好奇心をくすぐることにつながる。

▽授業開始5分間をKahoot!で

授業のスタートと同時に、ドリル的に毎日同じKahoot!を5分ぐらいすることで、子どもたちはゲームをするようなスリリングな雰囲気の中、知識や技能を定着させることができる。

たとえば、概数の問題を単元の初めに毎回取り組んだところ、さまざまな形での四捨五入の技能が定着した。プリントでこれをすると、取り組む子どもにとっても、採点をする教師にとってもまあまあな苦行となるが、Kahoot!だと楽しみながら学ぶことができ、教師の丸つけも必要ない。まさに子どもも教師もハッピーに、だ。

社会×ICT

▽Canvaのホワイトボードの活用

社会科でも国語と同様に、単元全体でCanvaでスライドを作る方法が効果的だ。まず単元のはじめにもっとも重要な資料を見て問いを出し合った。これは京都府南部に過去に存在した当時日本一大きい池である巨椋池についてのものだ。付箋や図形に一人一人が問いを出し、全体で話し合いながら、この単元で迫るべき問いをピラミッドチャートで整理した。

▽1枚の資料を15秒でFlipでアウトプット

社会科でおすすめのパフォーマンス課題が「1枚15秒トーク」だ。教科書などの資料から1枚を選び、その資料の画像を貼り、それについて社会科の見方を働かせて15秒で話してア

問いづくり

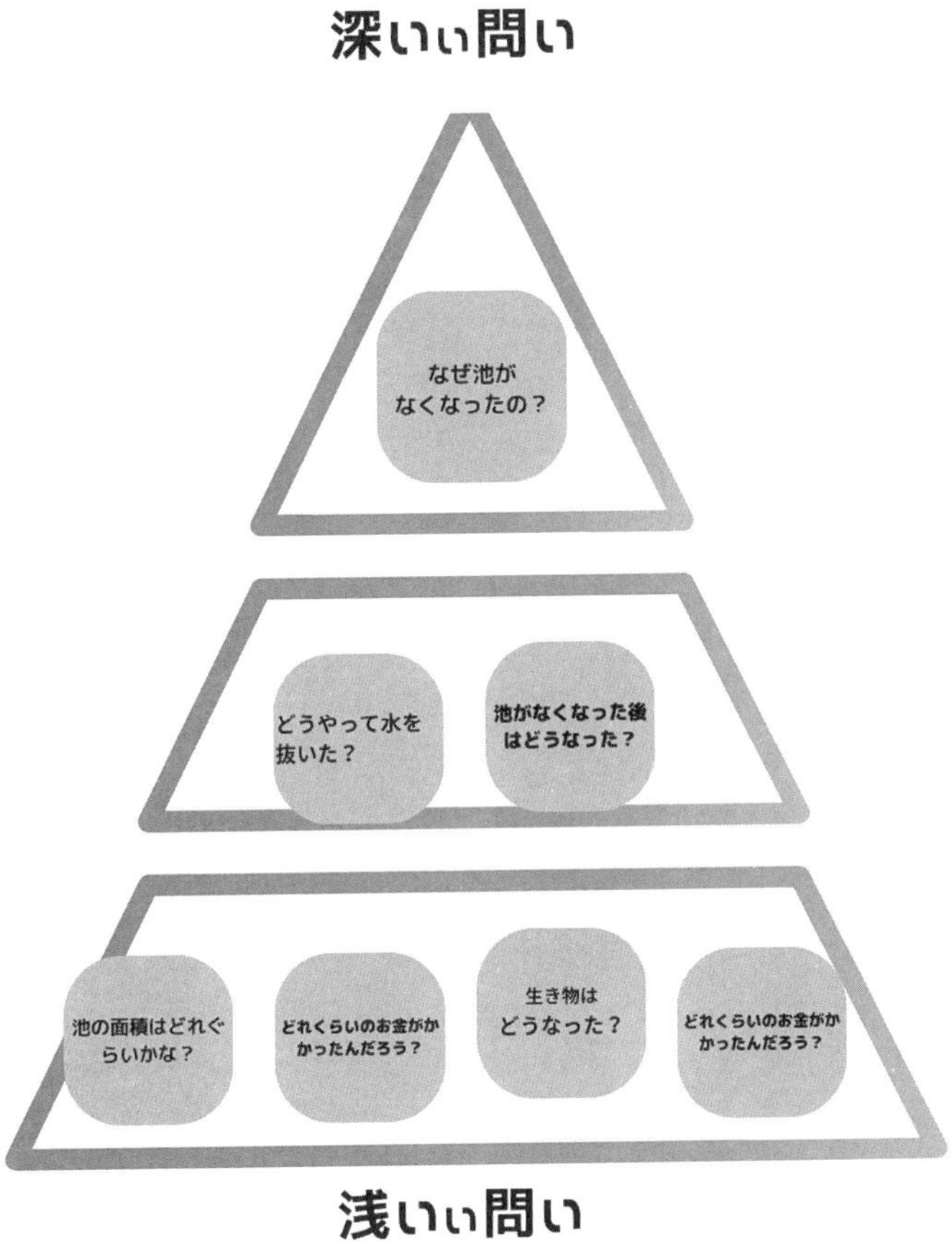
深いぃ問い
なぜ池が
なくなったの？
どうやって水を
抜いた？
池がなくなった後
はどうなった？
池の面積はどれぐ
らいかな？
どれくらいのお金がか
かったんだろう？
生き物は
どうなった？
どれくらいのお金がか
かったんだろう？
浅いぃ問い

ウトプットする。ここでは巨椋池に関連する8枚の写真や資料を題材とした。

この時間制限が肝で、情報を自分なりに整理して端的に話す必要があるため教科書を読んで考える必然性が生まれる。

▽Kahoot!で問題作りにチャレンジ

単元の終盤ではKahoot!を使った問題作りにチャレンジしたい。

3章で説明したとおり、Formsを使って子どもたちからクイズを集めインポートする形だ。

しかし、作問という学習活動はかなり難易度の高いものだ。よって、子どもたちが個別でどんどん作ると、玉石混交に陥りやすい。

そこで、グループで問題を作り、話し合った上

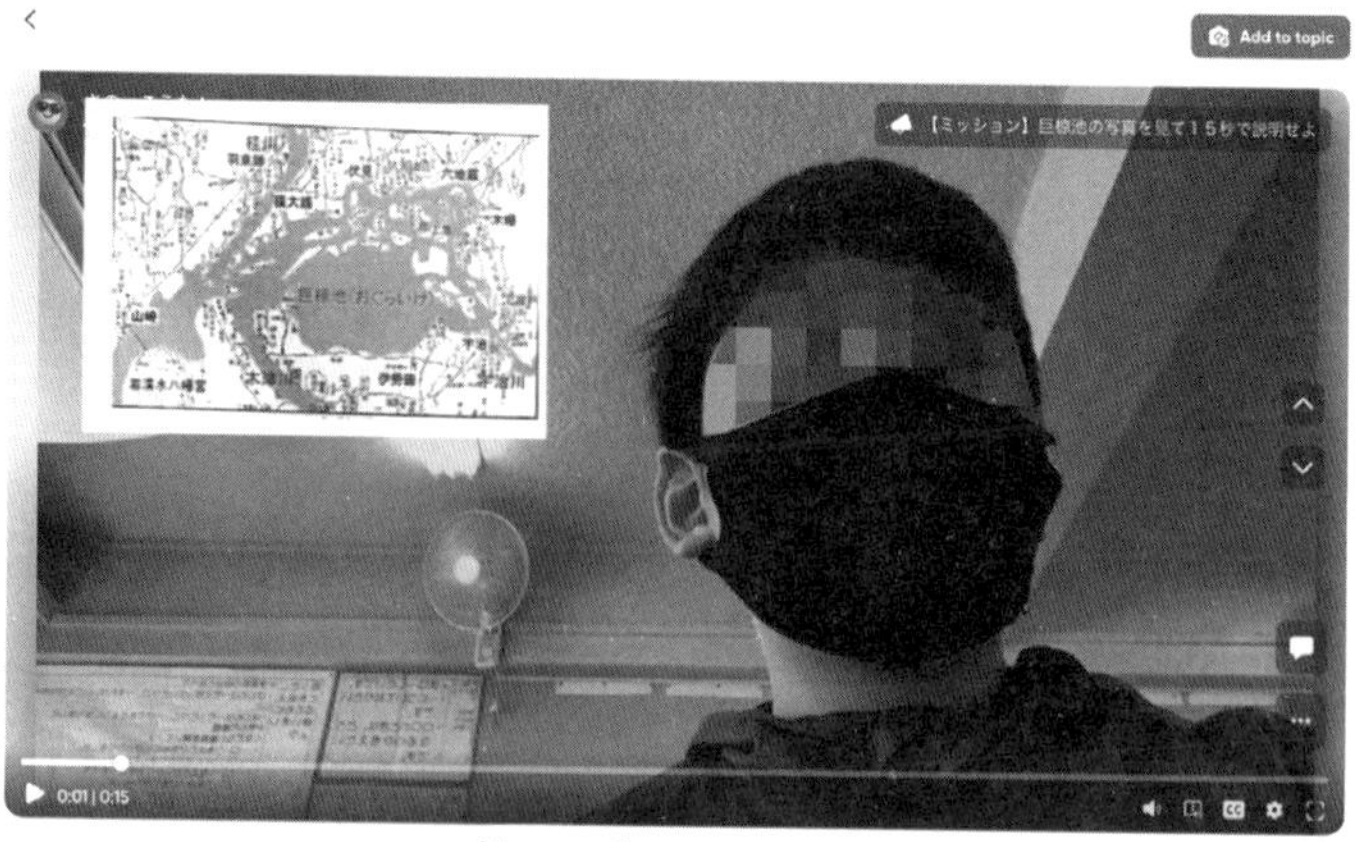

1枚15秒トークの課題

で投稿するという形をとった。

すると、互いにその問題が適切かどうかを話し合い推考することになるので、問題の質が担保されやすくなる。

理科×ICT

▽メダカYouTuberになろう——Flip

メダカの学習において、オス・メスの見分け方、メダカの育て方、卵を産みつけてから孵るまでなど、いくつかの項目に分け、そこから一つを選んでYouTuberのように説明するショートムービー作りの活動をした。実際に水槽で泳いでいるメダカの動画や卵の写真を撮影し、素材として使えるところがこの活動のよいところだ。Flipを使って録画し素材なども加えて表現する方法も考えられる。YouTuberのように、動画として最終的なアウトプットを作る活動は子どもたちは大好きだ。なりたい職業ナンバーワンがYouTuberの時代にとって、動画で表現することは子どもたちにとってもっとも馴染みのある方法なのかもしれない。

▽Googleマップで擬似的フィールドワーク

単元「流れる水のはたらき」では、川の上流部や下流部の特徴について学ぶ。当然ながら実際に足を運ぶことはできないので、教科書や映像教材などに頼ることが定石のこの単元だが、擬似的に実際に足を運ぶ方法がある。それがGoogleマップやAppleのマップアプリだ。好きな川を選んで、実際に上流からどんどん下流へとくだっていく。すると、上流部は山に囲まれた急峻な地形で川はうねって細く、下流部になると開けた平地になり、川はまっすぐで広くなることがわかる。３Ｄモードにすると立体的に見ることもできる。そこで撮ったスクショをもとに、川の様子についてのレポートを書く取り組みをした。実際に自分で擬似的なフィールドワークをし、体感したことを表現することの価値は大きい。

流れる水のはたらきレポート
淀川の上流
川幅が広い！
流れが緩やか！
名前

（画像は画面のイメージ図です）

体育×ICT

▽タイムシフトカメラやFlipでフォームチェック

体育でフォームをチェックしたいときに役立つのが**タイムシフトカメラ**というものだ。これは端末に依存せず、ブラウザ経由で撮影することにより、自動的に指定された時間分遅延して表示させることができるツールだ。たとえば、跳び箱や高跳びのフォームをチェックしたいときには、跳ぶ場所の横にタブレットを設置しておき7秒遅延に設定する。子どもが跳んだ後、固定されたタブレットを見に行き、自分のフォームをチェックするという流れだ。

ただ、自分のタブレットに記録することはできないので、振り返り用に記録するためには友達同士で撮り合う形がベターだといえる。

ただ、子どもたちにとっては何段が跳べたか、何cmが跳べたのかが大切なようで、フォームチェックにそこまで価値を感じていないようだった。そこでフォームのテストをスローモーション映像撮影しFlipにアップする方法をとった。すると子どもたちはよりカッコいいフォーム映像にしようと何度も撮影し合う姿が見られた。またBGMをつけることで、なんだろう、アスリートのCMみたいになった。そう、「カッコいい」は正義なのだ。

▽Canvaのクラウド体育カードで技能×音楽で表現する体育へ
——鉄棒、マット、縄跳び

鉄棒、縄跳び、マットなどの単元は、どうしても技能を習得することがゴールになりがちだ。そこでチームで音楽に合わせて表現活動をし、映像作品としてアウトプットすることをゴールとする授業を頻繁に行っている。

Frip でフォームテスト

授業の前半はチーム単位で技能習得のための練習タイム。よりよい映像作品にするためには、やはり格好いい技ができた方がよい。チームで演技の流れを考え、それに必要な技をチームで教え合いながら練習していく。

後半は好きな音楽に合わせてチーム演技の表現活動に移る。音源はYouTubeなどを活用するか、指導者が課題曲を決めてTeamsなどでシェアする方法でもよい。何度も撮影をし、自分たちの演技をチェックしよりよいものにしていこうというエネルギーが生まれる。

その際、Canvaなどでクラウド体育カードを作成し、演技の構成表を共同編集で作成すると活動がしやすい。振り返りもチームで集まってそのクラウド体育カードに書きこみシェアする。また、YouTubeの動画のリンクを貼ってスライドに埋めこむことで、再生の際にCMが流れないというメリットもある。授業でYouTubeを活用する際に「場違いなCMソングが流れて雰囲気がぶち壊しになる」というあるあるも、これで回避だ。

音楽×ICT

▽Padletで高学年でも恥ずかしくない同期録音式歌テスト

音楽の授業における歌テストって、とくに思春期真っただ中の高学年の子どもにとって、ものすごくハードルの高いものだ。そこでこういった形式を取った。

①教室で伴奏を演奏、もしくはCD音源を流す
②子どもたちは自席で歌いタブレットで録画する
③Padletで提出する

これならみんなで歌っているので恥ずかしさはかなり軽減され、プレッシャーからも解放

される。音程やリズムがしっかり合っているかを完全に評価することができる。また、全員で歌うので一人で歌うときよりも歌いやすいため上手になることがほとんどだ。この方法に賛否が出るとすれば、「一人で歌うことに価値があるのではないか」だろう。

しかし、あくまでも自分のいままでの人生経験上だが、一人で歌うシーンはそうそうない。もし読者の方の中で今後、国立競技場で独唱する予定がある方は挙手願いたい。ということは、合唱などみんなで歌うという環境で歌う技能が大切になってくるはずだ。

歌テストのプレッシャーで学校に行くのが嫌だなあなんて思っている子どもも日本中にたくさんいるはずだ。この方法によってそんな気持ちの子どもを減らすことができれば嬉しい。

▽Flipで非同期録画式楽器演奏テスト

音楽の授業でのリコーダーや鍵盤ハーモニカのテストのシーンって、結構負荷が高い。名簿順に一人一人指導者の前で演奏し、点数をつけてABCの評価をつける。そして、合格できるよう何度もテストを受けに来る子どもたち。

この一連の流れの問題点はとにかく「時間を喰う」ことにある。音楽の授業中にこれをするならテストを受ける子ども以外には膨大な待ち時間ができる。休み時間に再テストをするようなこともよくあった。それを解決するのが「非同期録画式演奏テスト」だ。

① 子どもたち一人一人が自分のタイミングでFlipで録画する
② 一番うまくいったと思う動画をアップ

この方法のメリットはまず、子どもに待ち時間が生じない、指導者の評価の時間がかからないことが挙げられる。また、子どもたちは何度も演奏し録画映像をチェックし、ダメなところがあれば再度練習して録画するというＰＤＣＡ（計画・実行・評価・改善）サイクルが何度も回る。録画することにより自分の演奏を客観的に見ることができるので、メタ認知的な面での力を育むことにもつながる。また家庭での宿題として課すこともやってみたが有効だった。

▽Padletで鑑賞

音楽の鑑賞って、紙のワークシートにそれぞれが書きこむ形がほとんどだったと思う。しかも、全体で一斉に聴く形だ。自分のタイミングで自分が聴きたい箇所を何度も確認するようなことはできなかった。

そこで、Padletのシェルフのボードを使い、鑑賞の課題曲のYouTubeのリンクを貼ることで、子どもたちは自分のタイミングで聴き、感じたことをその都度書きこむことができる。一気に聴いて、一気に書くという活動は負荷が高い。これならハードルは下がるだろう。なお、子ども一人一人にイヤホンを用意することをおすすめする。僕のクラスでは二百円ぐらいのもの（通称：AirPods wired）を全員分用意した。

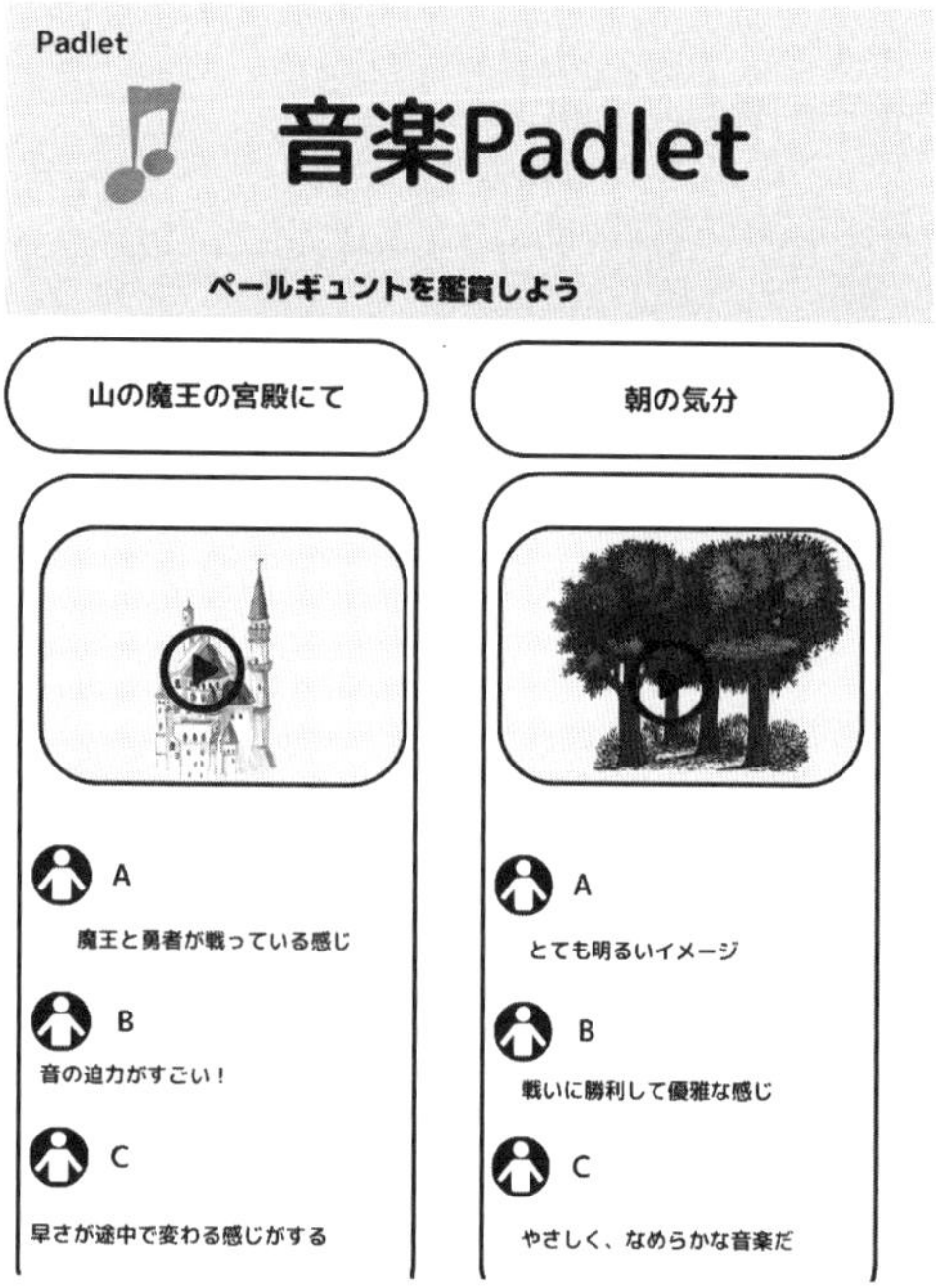

（画像は画面のイメージ図です）

図工×ICT

▽立体作品を実際に動かしながら動画で紹介

これまで、立体の作品を作ったらそれでおしまいというパターンが多かった。しかし、それではもったいない。そこで、YouTuberのように、自分で作った作品を実際に動かしながら紹介する簡単な動画を作ってシェアし合う活動をした。とくにコロコロガーレのような動的な活動ではその必然性が高まる。テキストやBGMといったひと工夫を入れることでさらに楽しい活動へとつながる。

（画像は画面のイメージ図です）

▽「KOMA KOMA×日文」でアニメを作る

彫塑の活動において、ただ粘土で作品を作るだけでなく、「ひつじのショーン」のように、コマ送りで写真撮影をし、クレイアニメを作る活動をした。本来静的なものである活動を動的なものへ発展させることで表現の幅が広がる。日本文教出版のKOMA KOMA×日文というインストール不要のブラウザアプリを使うことで、コマ撮り撮影と、再生が簡単にできる。友達同士で自分たちが作った粘土の作品を持ち寄り、ストーリーを考え、クレイアニメを創作する活動は子どもたちがクリエイティビティーを発揮しやすい課題だ。

道徳×ICT

▽Padletで心のクラウドノート

はじめに言っておくと、僕は道徳が苦手だ。そのせいかどうかはさておき、ICTを使っての道徳の授業はなかなかうまくいかなかった。なんだろう、道徳は実際にお互いの顔を見て、考えを伝え合い、そこで価値が生まれるような気がするのだ。だから、道徳の授業はトーク&チョークでやっている。ただ、授業を終えての振り返りだけは、Padletの道徳のシェルフのボードに1年分を全員が書き溜めている。振り返りに対してコメントやいいねでお互いにフィードバックできるし、過去の自分の振り返りを見て学んだことを思い出すこともできる。振り返りをPadletのクラスみんなの心のクラウドノートに残していくイメージだ。

5章

タブレット×クラウドで保護者もハッピーに

ここ２、３年、コロナの影響で参観などの機会が激減した学校が多いのではと思う。

僕の所属してきた学校も同様で、１年を通じてほとんど子どもたちの姿を見てもらう機会がない状態だった。しかし、その間にＧＩＧＡスクール構想がスタートしたことにより、工夫次第では、コロナ以前よりもクラスの様子を、よりダイナミックに家庭に伝えることができるようになった。怪我の功名だ。

この章では、タブレットを活用し持続可能な形で保護者もハッピーにしていくというテーマで、さまざまな提案をしていきたい。

動く学級通信

僕が出していたこれまでの学級通信は、やはり白黒写真とテキストだけでは、なかなか伝わりづらいものだった。
そこで**「動く学級通信」**を作り始めた。ＱＲコードを活用し、保護者のスマホやタブレットで読み取ると教室での子どもたちの様子が動画で再生されるというものだ。作り方を簡単にお伝えする。

▽動画をTeamsなどにアップしQRコードを取得

授業での子どもたちの様子の動画を撮影し、TeamsやGoogle Classroomに投稿し、動画のリンクをコピーしURLを取得する。次にコピーしたURLを、QRコード作成サイトなどでリンクをコピーしてQRコードを作成、そしてQRコードの画像を写真保存する。

▽学級通信にQRコードを貼る

そして学級通信にQRコードを貼って完了。動画のワンシーンをサムネイルにし、そこにQRコードの画像を貼るパターンが多い。

セキュリティー面については、児童に配布されたMicrosoftやGoogleでのアカウントでログインした状態でないと見られないような設定が重要。もし学級通信がどこかに落ちて第三者がスマホで読みこんでも見ることができないようにするためだ。またFlipにアップしてQRを生成する方法も速い。ARで学級通信から浮かび上がる面白さもある。

双方向の学級通信

渡辺道治先生（瀬戸SOLAN小学校）の実践を参考に、双方向性のある学級通信にチャレンジした。これもGIGAならではの取り組みだ。簡単に言うと、学級通信を読んだ保護者の方から子どもたちへの応援メッセージや、授業の感想をいただき、それを学級通信に掲載し子どもたちにも伝えるというものだ。

▽保護者の声を学級通信に

アナログの場合は、学級通信の下の部分を切り取りのメッセージ記入欄にする。保護者の方からの温かい手書きのメッセージをいただけると嬉しい。

デジタルなら、学級通信の一部にFormsへのリンクのQRコードを貼り、それをスマホなどで読みこんでもらい、メッセージを送っていただく。利便性という面ではやはりこちらに軍配が上がる。

このように、保護者の方が通信の書き手として参加することで、いままではただ教師が書くだけだった学級通信に双方向性が生まれ、より豊かなツールへと変貌していく。

▽デジタルポストで子どもの声も学級通信に

教室にデジタルポストというものを設置することにより、子どもの声を学級通信に載せている。デジタルポストとは、教室の後ろに設置した小さなポストで、投函口にQRコードが貼られている。このQRコードを子どもたちが読みこみ、授業や行事などの感想をFormsに送る。そして、子どもたちからのメッセージを、同じく学級通信に掲載する。これにより学級通信にさらなる双方向性が生まれ、教室と家庭をつなぐツールとして活躍してくれる。

掲示物をデジタル空間に掲示

掲示物を教室に貼る作業って結構な負担だ。しかし、たとえ苦労して全員分の作品を教室に掲示したとしても、保護者の方に見てもらえるのは参観や懇談のときの一瞬だけ…また高い位置に掲示されていることも多いので、写真などに残そうにもなかなかうまくいかない。これって誰もハッピーではない。そこで、思い切ってデジタル空間に作品を掲示するという方向にシフトしてはどうだろう。

▽作品をデジタル掲示

デジタル掲示で役立つのはやはりPadletだ。ここでは習字のデジタル掲示を例に挙げる。専用のボードを用意し、そこに作品ごとのシェルフを作る。そして作品ごとに子どもたちは完成した習字の写真を撮り、Padletに投稿していく。

▽作品をアップし通信へ

そしてPadletの3点リーダーをタップし、エクスポートを選択、そこから画像やPDFを選択することで書き出すことができる。画像なら背景などもそのままに一枚の画像としておしゃれに、PDFなら複数ページに分けて全員分が出力される。そのデータをTeamsなどにアップしリンクからQRコードを取得し学級通信に載せるといういつものやり方でデジタル掲示の完成だ。

▽SharePointでVR空間に作品展示

Microsoft 365のSharePointを活用することでVR空間に作品展示ができるようになる。映像作品も展示可能なので掲示の幅が広がる。近未来感がすごい。

①SharePointで自分のクラスから+新規→スペースでVR空間を作る
②テンプレから好きなギャラリーを選び、スペースの名前をつける
③画像をタップしOneDriveに入れている子どもの作品を配置
④スペースの設計から、背景も展示室の雰囲気に合ったものを選択

⑤スペースの設計から、音響を選択することでＢＧＭを設定

⑥「再公開」をタップ、レベル上げからＶＲ空間のＵＲＬを取得しコピー、ＱＲコードに変換し学級通信などで保護者に配付

実際に動いている様子を見たい方は左のＱＲから僕のツイートに添付されている動画をどうぞ。

GIGA懇談

GIGA時代の懇談は、GIGA以前とは大きく異なる方法が考えられる。とくにオススメの方法は、教師の席、保護者の席、大型テレビを三角形の形で配置するパターン。こうすることで、保護者の方と子どもの様子について対面で伝えつつ、大型テレビに子どもが活動している様子を動画でお伝えしたり、子どもの成果物を映して見ていただいたりすることができる。

やはり、「百聞は一見にしかず」だ。子どもが頑張っている姿をしっかりと記録しておき、そのシーンを見ていただき、成長を共に喜び信頼と安心につなげたい。

行事の写真は子どもたちが自分でムービー化

――#iMovie #Googleフォト

遠足に子どもたちがタブレットを持っていくことにより、言わば全員がカメラマンになる。遠足から帰ったら、まず互いに撮り合った写真などをクラウドにアップしてシェアする。その上で子どもたちがそれぞれiMovie、Googleフォト、Canvaなどを使えば簡単にオリジナルの思い出ムービーを作成することができる。でき上がったムービーはタブレット本体を持ち帰ったり、クラウド経由でシェアしたりすることで家庭でも観ることができるようになる。

やはり、小学校以降になると子どもの学校での写真を撮る機会がないと、よく保護者の方も声にされる。このように自律的に自分の姿をムービーにする活動を取り入れることで、持続可能な形で子どもの姿を見てもらうことへとつながる。

遅刻・欠席の連絡をFormsで
——#Forms

この本が世に出回っている頃には、もうこのチャプターが用無しになっていることを願っているが、執筆している現在、コロナの感染者数が過去最高を記録するなど、日本はかなり大変な状況になっている。どの学校でも、朝から電話が鳴り止まないような状況になっているのではないだろうか。朝の電話対応だけでもかなりの負担になっている。

そこで、欠席連絡をFormsで行うようになってから、電話の鳴る回数が大幅に減った。このように、ＩＣＴを活用して教員の時間を生む仕組み作りはぜひ学校でやっていきたいところだ。

作成方法はそこまで難しくない。少し詳しい方なら実装できるレベルだと言える。

詳しい出席のFormsの作成は本頁の見出し下部のＱＲコードから「Microsoft 365の活用例「遅刻・欠席の連絡フォーム」の作成ガイド」（Microsoft Education作成）を確認してほしい。

ハイブリッド授業
――#Teams #Classroom

2021年末、日本ではコロナの流行が爆発的に広がった。それに伴い、出席停止になる子どもや、自主的に休む子どもたちが出てきたことを背景に、教室と自宅に子どもがいる状態で授業を進めるハイブリッド授業というあり方が出てきた。

しかし、結局は教室で一斉授業をし、家庭の子どもたちはZoomなどで一斉授業を聞くだけという形になることが多かったと報じられている。双方向で学べるハイブリッド授業のあり方をお伝えしたい。

これは、何らかのプロジェクトをゴールとして設定し、それに向かいチームで協働的に学習していく在り方だ。この在り方は教室全体での指導者と子どもとのやりとりではなく、チームにおける子ども同士のやりとりを中心に進むため、ハイブリッド型授業との相性がよい。プロジェクトを成功に導くためには、当然ながら話し合う必然性が生まれる。共通のゴールへ向かって話し合う必然性のある場が生まれることで、子どもたちの活動はより協働的になる。それはよりよい人間関係の醸成にも寄与する。

ハイブリッド型授業における協働的に学ぶプロジェクト学習を実施するための具体的なステップについて考える。

▽協働的に学ぶ授業づくり

指導者と子どもの全体での頻回なやりとりを前提とする一斉授業と、ハイブリッド型授業との相性は最悪だといえる。なぜなら家庭で学習する子どもはどうしても不利になるからだ。そのため、一定数の子どもが自宅から参加する場合は「指導者の全体指示の時間を短く、子どもの活動時間を長く」という授業構成にしていくことが何より大切だ。

▽協働的に学ぶチームづくり

学校でのグループを一般的には班という呼び方をするのが主流だと思う。これ何か無機的な気がするなあと違和感を感じていたので、ここ最近は「チーム」という呼び名に変更した。基本的にどの教科の学習もチーム単位で取り組むことにする。自宅学習者が円滑に話し合いに参加したり、役割分担をしたりできるよう、チーム内で互いに助け合い、学び合うというコンセプトをしっかりと語り、落としこむ。チームでよい学びができているシーンはしっかりと評価し全体にも伝え、価値化していく。とくに長期欠席者がいるチームはしっかりとチーム内でフォローする意識を持たせることが必要となってくる。

▽協働的に学ぶデジタルの場づくり

クラスで多数の子どもが自宅で学習しているような状態になった場合は、チームで単元ごとにスレッドを立て、デジタル上の学びの場を作ることをお勧めする。こうすることで、学校で学習していても自宅で学習していても話し合いや学びの足跡を残すことができる。基本は教室での音声での話し合いとし、家庭学習の子どもがいる際は、テキストでの話し合いを併用することでフラットな環境にしていく。音声はその場で消えるが、テキストなら確実に残る。またチームごとに成果物をクラウドの共同編集によりシェアすることで学校と家庭に分かれていても、学習していることがタイムリーに見られるため学び合いが容易になる。このようにTeamsなどを協働的な学びの場作りにおける母艦に位置づけることで、学校と自宅の垣根を取り払うことができる。

6章

授業を行事化していくプロジェクト学習

学級経営と授業にシナジーを巻き起こしていくことをテーマとしたのが本書だ。ここまでは主にＩＣＴの基本的な扱いについて書いてきた。最後にこの章では、ＩＣＴを活用したプロジェクト学習についての提案をしたい。子どもがワクワクするような学びを実現するために、そしてクラスの雰囲気をよいものにしていくために、プロジェクト学習は僕の中で核となる存在である。

プロジェクト学習とは

プロジェクト学習と聞くと、あたかも流行りのように感じられるかもしれない。しかし、ルーツは非常に古く、１００年前にキルパトリックが提唱したプロジェクトメソッドにまで遡る。そこから派生し呼び名をさまざまに変えながらも、世界中で取り組まれているきわめて不易な学びの形なのだ。総合的な学習の時間はその流れを受けて創設されたものでもある。

僕が考えるプロジェクト学習は、課題解決や探求というよりも「願い」に端を発するようなデザインにシフトしていっている。なぜなら今日、多くの課題は解決されてきている。いつしか課題解決学習をするために課題を設定するようなシーンが散見されるように感じるようになった。

先日、旅行に行く間、部屋で飼っているグッピーの餌をどうしようと思ってペットショップに見に行ったら「5日間ぐらい少しずつ溶ける餌」なるものがあった。このようにありとあらゆる世界において課題は解決されてきており希少化してきている。だからこそ、シンプルに子どもたちが「こんなことをしてみたい！」という願いにドライブされて学んでいく、そんなアプローチの方が自然だと感じ始めている。

授業を行事化する
——スペシャルな相手意識とスペシャルな目的意識

行事って、全ての子どもに当てはまるわけではないが、頑張ろうという気持ちになることが多い。運動会や学習発表会がその最たる例だ。さて、子どもはなぜ行事で頑張ろうという気持ちが芽生えるのか。その理由は、**スペシャルな目的意識とスペシャルな相手意識**が強く働くことにあると考える。

これまでの成果を発表するというスペシャルな目的意識、普段は見てもらうことのない人に見てもらえるというスペシャルな相手意識、この両輪が回ることにより、行事での子どものモチベーションの火が灯る。

しかし、コロナの影響もあり、近年は行事はどこも縮小傾向にある。

そこで、発想を転換した。普段の授業の延長としての発表や交流の場をセッティングする。それをゴールとし授業を行事化していくことで、授業に学びの必然性を帯びさせ、協働的に学習していく環境を作る。それは学級経営にもプラスをもたらす。プロジェクト学習により、授業を行事化していくことで、授業と学級経営のシナジーは生まれていくのだ。

中高学年なら総合的な学習の時間、低学年なら生活科をハブとして、プロジェクト学習を組んでいくことをお勧めする。

基本的には教科で獲得した知識や技能をもとに、表現する場をプロジェクト化していくイメージだ。逆に、発表する場を設定することで、教科学習での学習を深めたり、広げたりする必然性も生まれるという見方もできる。

京都府の魅力を伝えよう

——都道府県クイズプロジェクト

社会科や生活科では自分たちの住んでいる市町村や都道府県の学習をする。そこでZoom

を使って他の都道府県の学校の友達（スペシャルな相手意識）とクイズを出し合うことを通じて、それぞれの都道府県の魅力を伝え合うこと（スペシャルな目的意識）をゴールに活動をした。京都、広島、神奈川、北海道、佐賀の5校で総当たり形式で取り組んだ。

単元に入る時点でこのゴールは示しているので、学習を進める時点で、目的意識と相手意識は強く働いています。そして一通り教科書の内容を終えたら、伝えたいトピックごとにチームに分かれ、クイズ作りをスタートした。プレゼンを作り、カメラでお互いに撮影し合いPadletに投稿しフィードバックをするといった活動を繰り返した。

そして、いざ本番。はじめての交流のときには当然緊張していたが、他校との交流を重ねるうちに、次第に自信が芽生えていった。非日常な活動を繰り返すうちに、それが日常化していったのだ。ＩＣＴの強みは距離や時間を超えてコミュニケーションできることにある。この活動で得た子どもたちの力はＩＣＴの本質であったと考える。

ミニ「世界子どもゴミフォーラム」

同じく社会科で日本のゴミ事情について学習し、それをシンガポールとオーストラリアの日本人学校の子どもたち（スペシャルな相手意識）とズームで報告し合い、自分たちにできることを考える（スペシャルな目的意識）というチャレンジをした。

都道府県クイズと同様に、チームに分かれて練習をしたのち、本番に臨んだ。ここではPadletを活用し、発表を聴きながらタイムリーに感想などを伝え合うという仕組みを導入した。やはり発表をする活動においては双方向性を担保することは重要だ。発表しっ放し、聴きっ放しという形になると、よりよい交流にはなりづらい。

発表が終わって自席に戻ってタブレットを見たら発表に関するフィードバックが外国から届いているわけだ。それはそれは子どもたちにとってきわめてエキサイティングな体験となった。

最後に、各校の子どもたちがゴミ問題に関して「自分にできること」を自撮り写真にペンで書き込みシェア、Canvaで全員が写った1枚のポスターにし、各校に掲示した。

なお、これらの活動の様子も「動く学級通信」で保護者に観てもらった。いわゆる学習発表会に匹敵するような行事化が実現でき、応援のメッセージもよく届いた。

クリエイティブな団体演技の在り方を考える

出来栄えのインフレ、子どもを使ったエンタメ化、時間超過が当たり前の風潮。この辺りが運動会における団体演技の問題点だと感じる。

出来栄えを求めるがあまりどんどん難しい技やダンスにチャレンジする。それは子どもを使った一種のエンターテイメントになっていく。保護者もそれを期待し、指導者はそれに応えようとする。知らず知らずのうちに教育の本質のレールから逸れていく。そして元々の指導計画を大幅に超過していく。これが自分自身が過去にやってきた過ちだ。

また、ただただ見本を正しく模倣するだけの集団演技、これも体育の本質からズレている。もはや運動会ではなく、模倣会だ。

よって、持続可能な範囲（大切）で子どもたちが協働的に思考し、創造していく部分を演技の中にしっかりと作ることが必要だと考える。

全ての演技を子どもたちがクリエイトしていくことは現実問題として無理がある。そこで中心となる全体演技は基本的に全員同じ演技をする。ただし、見本は教師ではなく見本動画だ。Teamsなどで子どもたちに見本動画を送り、チーム単位でタブレットに映る映像を見て教え合いながら練習する。また2台目のタブレットをその横に置いてインカメラで映すことで、タブレットの鏡化ができる。

そして、中心演技の前にチーム演技の時間を取る。これは自分の使う常套手段だが、民舞の演技なら吉田兄弟の曲をベースにチームごとに子どもたちに16拍分の創作をさせる。そして16拍ごとにチームが入れ替わりチームで創作した演技をする。最後に全員で自分のチームの創作した演技を踊ってポーズ。ここで一旦拍手が入り、全体演技へと移るという流れだ。

こうすることで持続可能な範囲で子どもたちが創造的な活動を展開することができるようになる。ここでは、運動会の中に、チームでダンスを考え披露するというプロジェクトが組み込まれた形だ。

子どもたちが思考を躍動させて話し合うプロジェクトの大前提は**「知的なワクワク」**にあ

る。「このプロジェクトを成功させたい！」「おもしろいことをやりたい！」というモチベーションは、知識や技能を得ようという動機になる。そして誰かに伝えたいという相手意識を芽生えさせるための設定が、思考力や表現力を高めることにもつながるだろう。

「ボクたちの未来について考えよう～守ろう地球博」

カリキュラムマネジメントを意識したプロジェクト学習の一例を紹介する。総合的な学習の時間で取り組んだ「ボクたちの未来について考えよう～守ろう地球博」では、ミニチュアの環境博覧会をひらくプロジェクトをゴールとした。全員が円柱と角柱を組み合わせた独創的なデザインのパビリオンを制作する。それぞれのパビリオンにはQRコードが貼ってあり、それをタブレットで読みこむことで日本の国土を守ることをテーマとした啓発CMを視聴することができるようにした。

社会科「日本の国土を守る」で学んだことをきっかけとし、公害チーム、自然保全チーム、災害チームに分かれ、お互いにアドバイスをし合いながら調べ学習を進めた。CM原稿を書き、啓発CMをACジャパンのパロディー風に制作した。

次に、チームごとにパビリオン作りに取り組む。算数の「角柱と円柱」（小5）で学んだ知識や技能を活かし、角柱と円柱を組み合わせるという条件を設定し、パビリオンを制作していった。

なお、算数の授業をしている際には、プロジェクトのゴールにこの活動があることを前もって示されている。そのため、「角柱や円柱を作る」という技能を習得するための必然性が生まれていった。それにより、チームで学び合う姿勢がよりよいものになっていたことはこのプロジェクト学習の利点であった。

鈴木先生にビデオメッセージを送ろうプロジェクト
――空も飛べるはず

音楽って、何らかの歌を歌ったり、曲をリコーダーや鍵盤ハーモニカで演奏したりし、その技能を評価する「テスト」がゴールとなりがちだ。そこで合格することが学習の必然性に取って代わることが多かった。

2022年の1学期、ひょんなことからクラスの子どもたち（単学級）の1年生の頃の担任が、僕の同期の先生（鈴木君という）ということがわかった。仲がよいということを知った子どもたちは、「何かしたい！」という願いを持った。数人の子どもたちがプロジェクトリーダーとなり、「鈴木先生プロジェクト」なるものがスタートした。鈴木先生は音楽が趣味で、学校でトロンボーンを吹いてくれたことが子どもたちにとって印象深い思い出になっていた。そこで音楽の授業での「子どもの世界」（小4）の歌とリコーダー、そしてクラスのテーマソングとなっている「空も飛べるはず」を歌って、みんなで呼びかけメッセージを送ることとなった。リーダーの子どもたちが中心となり構成やメッセージを考えた。何日間か練習し、いざ収録の日。何度か撮ったが「あー！　ちょっと間違えた！　もう1回撮影したい！」と、子どもの声。よりよいものを作りたいという子どもの願いだ。

いざでき上がった動画を簡単に編集し、鈴木先生に送った。

すると後日、鈴木先生からのお返しのメッセージが届いた。「空も飛べるはず」をBGMに当時の思い出や、子どもたちの成長を見ての喜びの感想を話してくれた。そしてサビになったとき、トロンボーンでメロディーを演奏してくれた。そのビデオを観ているときの子どもたちの表情がもう本当によかった。やってよかった。またそれまでの経緯も学級通信で保護者にもシェアしていた。そのプロジェクトに関するメッセージも届き、プロジェクトを中心とし、クラスの一体感、グルーヴ感が生まれた。

昔の担任の先生（スペシャルな相手意識）にいまの成長した姿を見てもらいたい（スペシャルな目的意識）という、子どもの「願い」に端を発するプロジェクト、これは再現性も必然性も高いので、ぜひチャレンジしてみてほしい。

子どもも教師も保護者もハッピーになる、そんなチャレンジだった。

ニュー祭プロジェクト
——商店街を盛り上げよう

僕が勤務する京都府の八幡市には商店街がある。日本の多くの商店街と同様、あまり賑わっているとは言えない状態だ。そこで「どうすれば、商店街にたくさん人が集まるのだろう」という課題解決を目的とした学習をスタートした。

モデルとなったのは、社会科で学習した京都市の一条通にある大将軍商店街だ。そこでは、一条通に伝説として残る「百鬼夜行」というさまざまな妖怪が一条通を夜な夜な練り歩いたということをもとに、妖怪の仮装パレードを始めた。すると話題になり、多くの人が訪れたそうだ。

これをヒントに、子どもたちは八幡市に関する文化や歴史をテーマに祭りをするアイデアについて考えた。

エジソンが電球の発明のために使った八幡の竹、実はライト兄弟と初の有人飛行を競い合っていた二宮忠八（飛行神社を八幡市に造った）、八幡にルーツを持つ松花堂弁当などを素材としたコーナーを考えた。

また、粘土で八幡にまつわるゆるキャラを作り、実際の商店街の写真をバックにパレードをKOMA KOMA×日文でコマ撮りで撮影して映像化した。

そういったさまざまなアイデアをCanvaの共同編集でプレゼンを作り、実際に八幡市の関係者の方にプレゼ

八幡市パレード

ンをしてみた。本当にこのアイデアが採用され、そういった祭りが実現できれば、最高の学習となったかもしれない。金銭面的にも問題は山積みだ。しかし、このように実際にプレゼンをしたという経験を積むこと自体に大きな価値があると考える。

「桃鉄」を学校へ

すごろくゲーム、「桃太郎電鉄 教育版」の話をしたい。メディア等でも話題になったのでご存じの方も多いかもしれない。「日本の地理は桃太郎電鉄（桃鉄）で覚えた」という人、本当にたくさんいると思う。今この本を読んでいる読者のあなたも、もしかしたらそうかもしれない。そして**多くの人が「学校で桃鉄できたら……」なんてことを思ったはずだ。令和4年度、そんなみんなの妄想が遂に実現された。**ＫＯＮＡＭＩが学校用に無償提供してくれたのだ。僕もこのプロジェクトに関わらせてもらっており、２０２２年の末にはＫＯＮＡＭＩ本社で行われた「桃太郎電鉄教育祭り！」において、学校でどう運用すれば良いかのプレゼンをさせていただいた。ここではその内容をお伝えする。

まず、誰もが考える通り、社会科の日本地理の学習だ。Padletを活用し、駅に到着したらスクショとともに現地の特色を一文で表して到着報告を投稿したり、日本各地のグルメ物件を地方ごとに投稿したりといった具合だ。

また総合的な学習の時間で、47都道府県をクラス全員で分担し、Canvaの共同編集で巨大日本地図マップを作る活動をした。行ったことのない県には、一旦「桃鉄」で行ってみる。すると、なんとなく特色がわかる。その地への知識のフックをかけにいくイメージだ。山口県に実際に行ったことがない子も、「下関ではフグが有名なんだ」と知ることができた。擬似的な旅行ができるという使い方は素敵だ。

また、密かに算数の知識や技能をつけることおいても活躍する。「1億を超える数」という単元では、文字通り想像できないような大きな数の概念と向き合うことになる。そんな大きな数を扱うことは普通ない。しかし、「桃鉄」の世界なら「あと3000万円で所持金10億円や！」といったように自分ごととして数を捉える子どもが出てきた。また、小学校における最難関とも言える「割合」。大人になれば30％OFFといった数字は買い物等を通じて瞬時に計算できるが、経験の少ない子どもにとっては非常に難しい。しかし、5000万円の物件の30％の利益率は１５００万円等、こういった割合の感覚を掴む子どもも多くいた。５年生になって初めて割合について触れるのと、前もって「桃鉄」で割合について触れているのでは大きな違いがあるだろう。

学びと遊びの境界線を溶かしながら、学校をおもしろくしていきたい。左のＱＲコードから桃太郎電鉄の教育版を紹介するサイトに飛べる。ぜひみなさんの学校でも導入してみてはいかがだろうか。

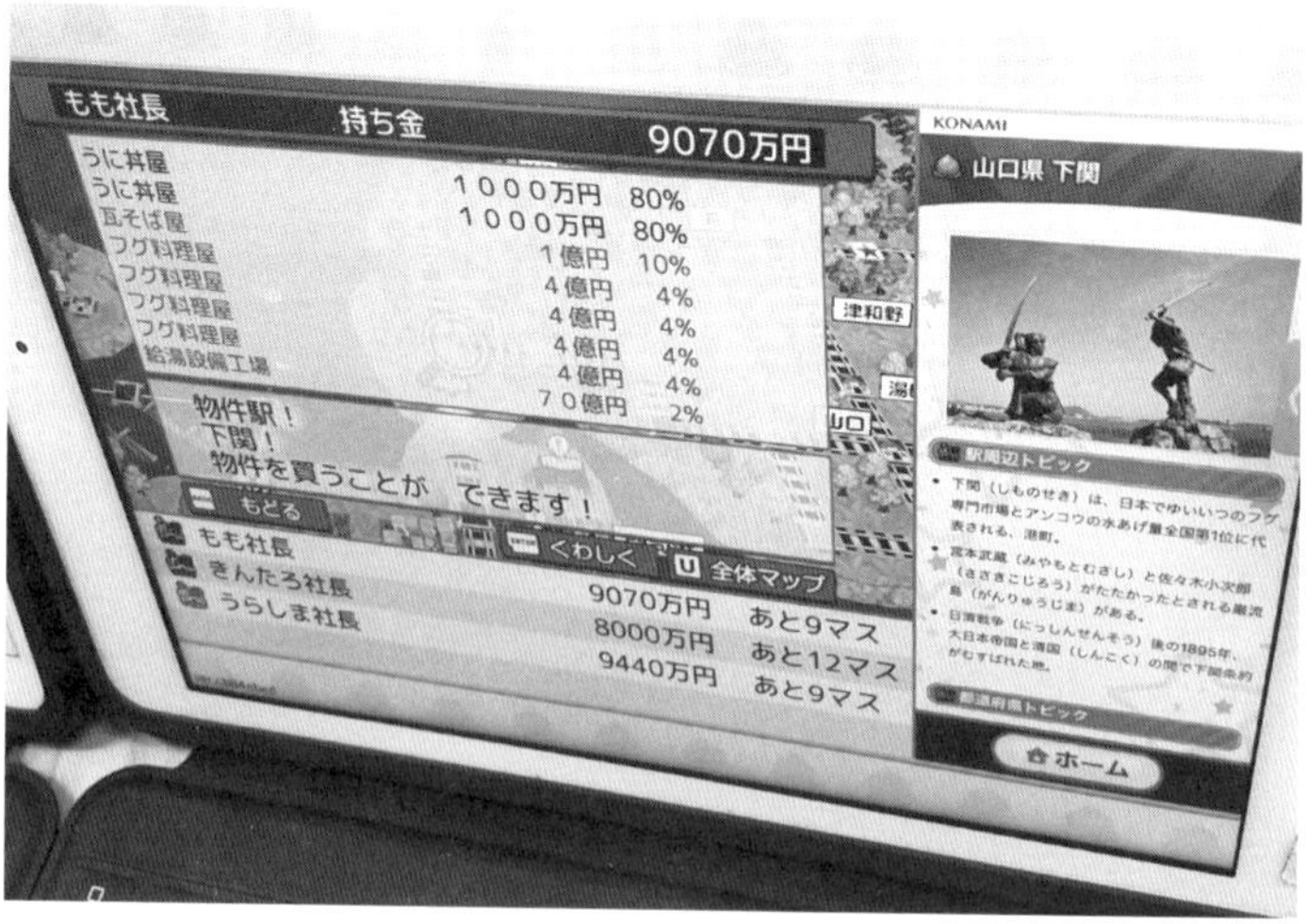

©さくまあきら © Konami Digital Entertainment

下関へ行き特色をチェック

あとがき

「坂本先生ですよね？」

京都のイオンモールに入っているスタバで仕事帰りにこの原稿を書いている時、とある女性店員さんが話しかけてきた。

会話の流れから教え子であることはわかったが、何せ10年ぶりとかの再会だから顔も変わっていて正直、誰かわからない。

そして、

「○○です！」

「あぁ！　○○さん！　久しぶり！」

というお決まりの会話をし、盛り上がる。

すると「実は私、教師目指してるんです」という言葉が彼女の口から発せられた。

本当に嬉しかった。

いや、本当に頑張ろうと心から思えた。

いま、我々現役教員に課せられた宿題はたくさんある。

そのうちの一つが教員の再魅力化だ。

採用試験の倍率低下が著しい。元々魅力的だったこの仕事、ブラック問題が明るみになり、

それが魅力を大きく減衰させた。

でも、正直この仕事、おもしろくないですか？

うまくいかないこともたくさんあるが、僕は毎日ぼちぼちハッピーだ。と言いながら誰よりも花金を待ち望んでいるという矛盾を抱えている訳だが…。

でもまあ、子どもたちと授業やプロジェクトを通じて日々、笑いながらこの教師という仕事をやっている。

よく、「文科省が」の枕詞で批判をする人を見かける。まあ確かに色んな悪手をやっちまっているという事実はあるが、僕の知る文科省を動かしている方は現場を良くするために日々奔走されている。でも、彼らはあくまでも黒子だ。

そう、学校の主役はあなただ。

我々一人一人の教員が「いや、何だかんだでまあ楽しくやっている」という具体を積み重ねていくことで、自然とこの仕事は再魅力化されていくはずだと信じている。

それに一役も二役も買うのが、ＩＣＴだということはここまで散々述べてきた通りだ。僕自身、「ICTで子どもも教師もハッピーに」というアプローチに、強く、強く手応えを感じている。

だから、何とかこの武器を手に、日々を楽しくやっていける先生を増やしていきたい。そう思い、この本を書いた。少しでもそのための助けになれば本望だ。

さっきの教え子をはじめ、新たに我々の仲間になってくれる次の世代の先生たちが、胸を張って、

「教員はいいぞ」。

そう、言えるような環境に1㎜でも近づけていきたい。

坂本　良晶

著者紹介

坂本 良晶（さかもと　よしあき）

1983年生まれ。京都府公立小学校教諭。マイクロソフト認定教育イノベーター。EDUBASE CREW。大学卒業後、大手飲食店チェーンに勤務し、兼任店長として全国１位の売上を記録。教員を目指し退職後、通信大学で教員免許を取得。翌年教員採用試験に合格。2017年、子どもを伸ばしつつ、教員の働く時間を減らそうという「教育の生産性改革」に関する発信をTwitterにてスタートし、現在フォロワー数は４万1000人を超える。watcha! や関西教育フォーラム他、さまざまなイベント等でスピーカーとして登壇。二児の父。

著書に『さる先生の「全部やろうはバカやろう」』『図解でわかる！　さる先生の「全部やろうはバカやろう」実践編』『これからの教育を面白くする！　さる先生の学校ゲームチェンジ』（以上、学陽書房）などがある。

生産性が爆上がり！ さる先生の「全部ギガでやろう！」

2023年４月　１日　初版発行
2023年４月 12日　４刷発行

著　者―――――坂本良晶《さかもとよしあき》
発行者―――――佐久間重嘉
発行所―――――学陽書房
〒102-0072　東京都千代田区飯田橋 1-9-3
営業部―――――TEL 03-3261-1111 ／ FAX 03-5211-3300
編集部―――――TEL 03-3261-1112
http://www.gakuyo.co.jp/

ブックデザイン／能勢明日香
本文 DTP 制作／越海辰夫
印刷・製本／三省堂印刷

ISBN 978-4-313-65470-9 C0037

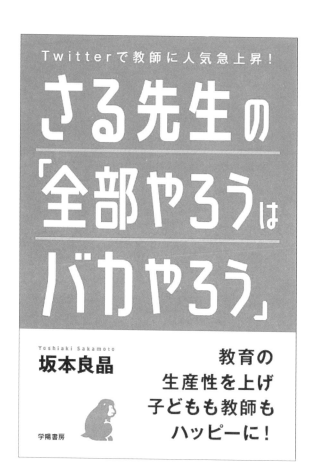